新时代高校辅导员绩效考核研究

苟晓丽 著

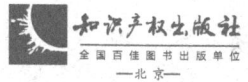
全国百佳图书出版单位
—北京—

图书在版编目（CIP）数据

新时代高校辅导员绩效考核研究／苟晓丽著．—北京：知识产权出版社，2023.12
ISBN 978-7-5130-9060-5

Ⅰ.①新… Ⅱ.①苟… Ⅲ.①高等学校—辅导员—工资管理—研究—中国 Ⅳ.①G645.15

中国国家版本馆 CIP 数据核字（2023）第 231145 号

责任编辑：李学军　　　　　　　　责任校对：王　岩
封面设计：刘　伟　　　　　　　　责任印制：孙婷婷

新时代高校辅导员绩效考核研究

苟晓丽　著

出版发行：知识产权出版社 有限责任公司		网　　址：http://www.ipph.cn		
社　　址：北京市海淀区气象路50号院		邮　　编：100081		
责编电话：010-82000860 转 8559		责编邮箱：752606025@qq.com		
发行电话：010-82000860 转 8101/8102		发行传真：010-82000893/82005070/82000270		
印　　刷：北京建宏印刷有限公司		经　　销：新华书店、各大网上书店及相关专业书店		
开　　本：720mm×1000mm　1/16		印　　张：11		
版　　次：2023年12月第1版		印　　次：2023年12月第1次印刷		
字　　数：171千字		定　　价：88.00元		
ISBN 978-7-5130-9060-5				

出版权专有　侵权必究
如有印装质量问题，本社负责调换。

目　录

第一章　绪论 ··· 001
一、研究目的和意义 ··· 001
二、研究思路和方法 ··· 004
三、学术价值和社会影响 ··· 005
四、研究成果及研究方法的特色 ································· 013

第二章　高校辅导员内涵释义 ····································· 016
一、高校辅导员词源释义 ··· 016
二、高校辅导员历史沿革——以相关文件为视角 ············ 017
三、高校辅导员的角色演进 ······································ 023
四、高校辅导员的基本条件 ······································ 027
五、高校辅导员的工作要求 ······································ 028
六、高校辅导员的主要职责 ······································ 028
七、高校辅导员的工作特点 ······································ 030

第三章　绩效及绩效考核内涵释义 ······························· 032
一、绩效的内涵释义 ·· 032
二、绩效考核的内涵释义 ··· 038

第四章　高校辅导员绩效考核内涵释义 ························· 046
一、高校辅导员绩效考核的概念 ································ 046
二、高校辅导员绩效考核的目的 ································ 046

三、高校辅导员绩效考核的意义 ……………………………………… 047

第五章　高校辅导员绩效考核历史溯源 ……………………………… 051
　　一、国内绩效考核历史溯源 …………………………………………… 051
　　二、国外绩效考核历史溯源 …………………………………………… 052
　　三、高校辅导员绩效考核历史溯源 …………………………………… 052

第六章　高校辅导员绩效考核现状——以西南某高校为例 ………… 055
　　一、西南某高校辅导员绩效考核情况调研 …………………………… 055
　　二、西南某高校辅导员绩效考核情况分析 …………………………… 057
　　三、组织公平感视角下高校辅导员绩效考核满意度缺失成因分析 … 062

第七章　高校辅导员绩效考核比较研究 ……………………………… 067
　　一、美国高校学生事务管理者评估 …………………………………… 067
　　二、英国高校学生事务管理者评价 …………………………………… 073
　　三、我国台湾地区高校学生事务工作者考核 ………………………… 076

第八章　新时代高校辅导员绩效考核的基础要素 …………………… 080
　　一、新时代高校辅导员绩效考核的理论 ……………………………… 080
　　二、新时代高校辅导员绩效考核的方法 ……………………………… 085
　　三、新时代高校辅导员绩效考核的技术 ……………………………… 096
　　四、新时代高校辅导员绩效考核的原则 ……………………………… 097
　　五、新时代高校辅导员绩效考核的保障 ……………………………… 098

第九章　新时代高校辅导员绩效考核体系的构建 …………………… 102
　　一、新时代高校辅导员绩效考核体系构建的思路 …………………… 102
　　二、新时代高校辅导员绩效考核体系构建的方法 …………………… 103
　　三、新时代高校辅导员绩效考核体系构建的实施 …………………… 115

第十章　新时代高校辅导员绩效考核的实施流程 …………………… 131
　　一、开展辅导员绩效考核准备工作 …………………………………… 131
　　二、进行辅导员绩效考核数据收集 …………………………………… 131

三、进入辅导员绩效考核反馈环节 132
四、开展辅导员绩效考核沟通工作 133
五、保障辅导员绩效考核申诉工作 136

第十一章 绩效考核背景下高校辅导员高质量发展探索 138
一、高校辅导员高质量发展的内涵 138
二、高校辅导员高质量发展的现状 139
三、高校辅导员高质量发展的困境 145
四、高校辅导员高质量发展的路径 147
五、结语 165

参考文献 166

第一章

绪 论

一、研究目的和意义

高校辅导员是高校教师队伍的重要组成部分，是推动教育事业高质量发展的重要力量。高校辅导员承担着为党育人、为国育才的重要历史使命。教育部令第43号《普通高等学校辅导员队伍建设规定》第一章总则第2条规定：辅导员是开展大学生思想政治教育的骨干力量，是高等学校学生日常思想政治教育和管理工作的组织者、实施者、指导者。辅导员应当努力成为学生成长成才的人生导师和健康生活的知心朋友。高校以立德树人为中心环节，辅导员作为大学生思想政治教育的骨干力量、核心力量，在高校育人工作中有着极其重要的作用。辅导员不仅是大学生思想和价值的引领者，还是大学生成长中的指导者，生活中的知心人，是立德树人环节最后一里路的引路人。随着时代的发展和社会的变迁，新时代高校思想政治教育工作呈现出新的特点，辅导员作为高校思想政治教育的核心力量，其个人能力发展和队伍质量提升尤为重要，它关系到高校培养什么人、为谁培养人的大计。根据高校辅导员职业能力和工作岗位等特点进行科学有效和全方位的绩效考核，对辅导员工作进行评估，可为辅导员高质量发展寻找到切入点和根据，进一步促进辅导员向职业化、专业化、专家化发展，加强辅导员队伍建设。因此，高校辅导员绩效考核研究具有重要的理论意义和实践意义。

（一）理论意义

高校辅导员绩效考核具有重要的理论意义，它对于提升辅导员工作质量和队伍建设具有深远的影响。通过有效的绩效考核，可以为辅导员提供明确的目标和指导，促进他们的成长和职业发展，同时也有助于提升高校辅导员队伍的整体素质和工作水平，为高校高质量发展和大学生成长成才创造良好的环境和条件。

一是评估辅导员工作效果和目标达成情况。通过绩效考核，可以客观地评估辅导员在思想政治教育、日常管理、就业指导、心理健康咨询等方面的工作成果和贡献，了解他们在实现学生发展目标和服务高校育人使命方面的表现。这有助于确定工作的优势和改进的方向，提高工作效能和绩效水平。

二是促进辅导员个人专业发展和学习成长。绩效考核可以激发辅导员的专业发展和学习动力。通过对辅导员的工作进行评估，可以鼓励他们积极参与学习、培训和专业发展活动，提升自身的专业知识和技能。绩效考核还可以为辅导员提供反馈和指导，帮助他们认识到自己的优势和改进的方向，从而不断提升工作能力和绩效水平。

三是促进辅导员工作质量和服务水平的提升。通过明确评估标准和指标，辅导员可以了解自己在不同方面的工作表现和要求，有针对性地改进工作方法和服务策略。

四是提供辅导员激励和奖励机制。通过绩效考核，可以对工作出色的辅导员进行表彰和奖励，提高工作积极性和主动性。同时，绩效考核也可以识别工作不足的辅导员，并提供相应的改进措施和培训支持，帮助他们提升工作能力和绩效水平。

五是优化资源配置和提升组织效能。通过对辅导员的绩效进行评估，可以了解不同辅导员的工作能力和绩效水平，有针对性地调整工作任务和资源分配，使资源得到更加有效的利用。绩效考核还可以发现辅导员队伍中的优秀人才和潜力人才，为他们提供更多的发展机会和重要任务，提高高校学生工作队伍的整体效能和竞争力。

（二）实践意义

目前大部分高校都制定了辅导员考核办法，但辅导员考核效果并不突出，反而滋生了一些问题。现行的诸多考核办法、考核指标、考核方案通常按照传统的"德、能、勤、绩、廉"构建考核体系，与《高等学校辅导员职业能力标准（暂行）》和2017年教育部令第43号《普通高等学校辅导员队伍建设规定》的新要求不相符合，导致考核往往与辅导员实际工作情况脱节，使得考核不仅流于形式起不到应有的效果，甚至对辅导员工作的积极性产生了负面影响。因此，以《高等学校辅导员职业能力标准（暂行）》和2017年教育部令第43号《普通高等学校辅导员队伍建设规定》为依据，建立健全符合高校校情和辅导员工作实情的绩效考核制度具有现实而迫切的意义。

一是有利于提高辅导员的工作成效。开展辅导员绩效考核，首先能促使辅导员认真工作。考核结果的充分运用能够激发辅导员工作的积极性和主动性，促使辅导员切实承担起立德树人的重任，全面开展思想政治教育工作，强化对学生的管理和服务，从制度层面监督和促进辅导员工作的开展。其次，能够明确辅导员的具体工作职责和要求，以管理为导向，通过考核指标指导辅导员日常工作的重点和重心，为辅导员发展指明方向。

二是有利于提高人才培养的质量和水平。辅导员绩效考核的核心目的是提高辅导员工作质量，更好地实现高校立德树人这一根本目标。通过绩效考核，能促进辅导员将教育管理理念和具体工作与学校的人才培养目标有机结合，将立德树人作为辅导员工作的重点，致力于提升人才培养质量。通过辅导员绩效考核，还能提升辅导员自身素质，提高其工作水平和业务能力，积极服务于学生成长成才，从而提高人才培养质量和水平。

三是有利于提升管理的有效性。开展辅导员绩效考核，考核并不是最终目的，而是通过绩效考核实现对辅导员的绩效管理。辅导员绩效考核指标也是辅导员工作的目标和计划。以绩效考核指标为依据，辅导员可以制订工作计划，有针对性地开展工作，促使辅导员的努力方向从单纯地忙碌向有效地忙碌转变，提升计划管理的有效性。

四是有利于提高管理者的管理水平。辅导员绩效考核过程中，相关部门管理者要对辅导员做出评价，要与辅导员沟通，并帮助辅导员提高绩效。这一系列的工作能够规范管理者的行为，促使管理者关注辅导员和辅导员的工作，帮助辅导员发现问题和解决问题，助推管理者提升自身业务能力、提高管理水平。

二、研究思路和方法

（一）研究思路

在查阅国内外有关高校辅导员绩效考核体系的文献和研究资料，了解辅导员绩效考核的实施成果和实例之后，通过问卷调查、访谈等多种方法调研新时代高校辅导员绩效考核现状，并开展科学客观的分析研究。依据新时代高校辅导员队伍建设和高校立德树人的战略发展目标，提出适合新时代辅导员科学发展要求的绩效考核体系设计方案，制定确保该方案顺利实施的合理流程和保障措施。通过科学合理的高校辅导员绩效考核，达到提升辅导员个人素质，提高辅导员队伍能力，实现辅导员和辅导员队伍高质量发展的目标。

（二）研究方法

1. 文献研究法

一方面，充分利用互联网和图书馆资源查阅文献，广泛收集整理国内外高校辅导员绩效考核相关资料，在文献阅读和分析的基础上总结已有的高校辅导员绩效考核研究理论及实践；另一方面，通过收集国内高校辅导员考核相关文件并加以整理归纳，了解并梳理我国高校辅导员绩效考核的实施情况，为本研究提供实证与依据。

2. 问卷调查法

随机选取国内高校辅导员作为调研对象，开展辅导员绩效考核问卷调查。通过开放式问卷调查，获得各高校当下实施的辅导员绩效考核情况，并获得调研对象对高校辅导员绩效考核的真实想法和态度。

3. 访谈法

访谈法，是通过受访者和被访者进行面对面的交流完成的一种心理学基本研究方法，本研究通过面对面访谈、电话访谈、网络访谈等方法了解高校辅导员绩效考核现状和相关政策实际执行情况。

4. 比较分析法

通过文献查阅，对国内外高校辅导员绩效考核的多个案例实行对比分析研究，为本研究最后提出构建科学的、有效的、可行的辅导员绩效考核体系提供相关支撑。

5.案例分析法

以西南某高校辅导员绩效考核为案例，为本研究提供实证分析的素材。

三、学术价值和社会影响

（一）学术价值

1.国内研究现状

国内目前对高校辅导员绩效考核的研究较多。在 CNKI 键入"高校辅导员 绩效考核"主题，一共检索出约 150 篇与高校辅导员绩效考核直接相关的文章，部分文章信息如表 1-1 所示。

表 1-1 CNKI 中国学术期刊（网络版）高校辅导员绩效考核相关文章一览

序号	题目	作者	期刊	发表日期
1	基于智能区块链技术的高校辅导员绩效评估体系架构的研究	张朝霞；关俊明；熊茂华	信息记录材料	2022/11/1
2	基于 KPI 考核的高校辅导员工作绩效考核探索	李鹏；陈雷；许文茂	北京科技大学学报（社会科学版）	2021/10/25
3	高校辅导员队伍及其绩效考核评价研究	姜慧晶	黑龙江人力资源和社会保障	2021/10/25
4	新时代高校辅导员绩效考核模式探讨	庞博；刘廷辉	锦州医科大学学报（社会科学版）	2020/10/15
5	高校辅导员绩效考核体系再设计研究——以广西 J 职院为例	许莹	教育观察	2020/9/14
6	基于区块链高校辅导员绩效考核评估体系的构建	庄庆滨；熊昕	高校辅导员学刊	2020/4/28

续表

序号	题目	作者	期刊	发表日期
7	基于目标管理的高校辅导员绩效考核体系设计思路研究	李心愿	国际公关	2020/3/15
8	基于平衡记分卡的高校辅导员绩效考核目标设置	王芮齐	就业与保障	2020/1/15
9	高校辅导员绩效考核体系构建研究	刘枭	吉林省教育学院学报	2019/12/15
10	地方本科高校辅导员绩效考核指标体系构建	王静可	淮南职业技术学院学报	2019/12/15
11	"三型"视域下高校辅导员绩效考核评价及实施对策	黄生成；龙美兰	江西理工大学学报	2019/8/15
12	高校辅导员素质模型在绩效考核中的应用	刘振强；郭敏	高校辅导员学刊	2019/6/28
13	高校辅导员工作绩效评价分析	赵越	产业与科技论坛	2019/6/1
14	基于平衡记分卡的高校辅导员绩效评估研究	代锋	湖北成人教育学院学报	2019/5/25
15	职业化专业化视阈下高校辅导员绩效考核研究——以N大学为例	屈家安；刘菲；马秀娟	教育理论与实践	2018/12/25
16	模糊层次分析法在高校辅导员绩效考核中的应用	程云燕	高教论坛	2018/12/20
17	地方本科高校辅导员绩效考核评估指标体系研究	周承芳	湖北科技学院学报	2018/6/15
18	完善高校辅导员工作绩效考核的思考和对策	农世力	桂林航天工业学院学报	2018/3/15
20	高校辅导员绩效考核模型	张轶；喻俐；俞修林；张锐锐	衡水学院学报	2017/8/20
21	高校辅导员的绩效管理与考核	王军峰；廖黎芳	高校辅导员学刊	2017/6/28

续表

序号	题目	作者	期刊	发表日期
22	高校辅导员绩效考核评价体系	张月	阜阳师范学院学报（社会科学版）	2017/5/20
23	高校辅导员绩效考核路径创新	黄跃林；张万科	黑河学院学报	2017/4/25
24	高校辅导员绩效考核向绩效管理转变实施策略研究	乔祖琴	学校党建与思想教育	2017/2/23
25	高校辅导员工作绩效考核的公平性研究	廖平；王光辉	高校辅导员学刊	2016/8/28
26	高校辅导员团队绩效考核指标的构建及应用	刘明	黑龙江教育（高教研究与评估）	2016/8/22
27	高校辅导员绩效管理体系探析	先桁	教育文化论坛	2016/6/15
28	高校辅导员周边绩效的提升意义和对策研究	蹇鄂；汪浩	市场周刊（理论研究）	2016/5/15
29	基于胜任力理论的辅导员绩效考核机制探析	周爽；肖姝	北京教育（德育）	2016/4/25
30	基于层次分析法的高校辅导员绩效考核研究	颜红霞	湖北科技学院学报	2016/2/23
31	职业能力导向下的高校辅导员绩效考评指标体系探究	何贵林	高校辅导员学刊	2015/12/28
32	高校辅导员绩效考核的思考	王倩	教育理论与实践	2015/12/25
33	高校辅导员队伍绩效考评对策	王萍	当代经济	2015/10/15
34	关于建立高校辅导员工作绩效考核制度的思考	孙湘华；杨敏	黑龙江教育学院学报	2015/9/15
35	论360°绩效评估在辅导员工作能力评价中的应用	罗晓燕；周思淼	吉林省教育学院学报（中旬）	2015/2/15

续表

序号	题目	作者	期刊	发表日期
36	高校辅导员绩效考核满意度的调查研究——以陕西师范大学为例	李钊；马凯；朱海蓉	东南传播	2014/9/20
37	高校辅导员工作绩效考核实证分析	喻俐；陈华喜；王芳	佛山科学技术学院学报（自然科学版）	2014/3/15
38	试析高校辅导员绩效考核评价体系	芮飞军；袁素红	河北民族师范学院学报	2014/2/15
39	高校辅导员工作绩效考评体系的构建	李妩伟；马英；张维佳	安阳师范学院学报	2014/2/15
40	职业化、专业化趋势下高校辅导员绩效考核研究	温文妮	河北广播电视大学学报	2013/12/25
41	高校辅导员工作绩效考核体系建设	刘军伟；孙国胜	高校辅导员	2013/12/10
42	高校辅导员绩效评价体系的构建	张颖	黑龙江教育学院学报	2013/11/15
43	基于胜任力特征的高校辅导员绩效管理	张继东；关鑫；姜琨	教育与职业	2013/10/11
44	高校辅导员绩效模糊层次综合评价实证研究	薛琳；王三强；薛国梁	安徽工业大学学报（社会科学版）	2013/9/15
45	高校辅导员绩效考核工作的思考	朱杰；张阳	常州信息职业技术学院学报	2013/8/15
46	高校辅导员绩效考核体系若干问题研究	吴月齐	黑龙江高教研究	2013/3/5
47	浅论高校辅导员绩效考核量化指标体系的构建及运用	于保春；王文生	哈尔滨师范大学社会科学学报	2012/11/15
48	高校辅导员绩效考核方法探究	胡智惠	江西教育学院学报	2012/8/15

续表

序号	题目	作者	期刊	发表日期
49	基于目标管理的高校辅导员绩效考核指标体系构建	陶玮玮	吉林工程技术师范学院学报	2012/4/26
50	高校辅导员绩效考核存在的问题及对策	陈聚	广西教育学院学报	2012/4/10
51	再论高校辅导员绩效考评	郭南南	吉林省教育学院学报（上旬）	2012/2/5
52	陈聚：高等学校要重视辅导员绩效考核	陈聚	广西民族大学学报（哲学社会科学版）	2012/1/15
53	360度绩效考核法在高校辅导员绩效管理中的应用	韩锋	高校辅导员学刊	2011/10/28
54	对高校辅导员绩效考核的一点思考	卢昌模	黑龙江教育学院学报	2011/9/15
55	高校辅导员绩效评价模式的现状与路径	韩锋	北京教育学院学报	2011/8/20
56	高校辅导员工作绩效评价指标体系及综合评价方法——以CZ学院为例	王小婷；李琳	滁州学院学报	2011/6/15
57	以职业规划为导向的高校辅导员绩效管理体系研究	肖晓哲	高校辅导员	2011/6/10
58	关于建立高校辅导员工作绩效考核制度的思考	邹积英；关丽；徐润生	教育探索	2011/5/25
59	高校辅导员绩效考核体系初探	唐青	当代教育论坛（综合研究）	2011/4/8
60	高校辅导员绩效考核体系的构建	邓文卓；童洪志	黑龙江教育（高教研究与评估）	2011/1/22
61	高校辅导员绩效考核机制研究	张金梅；王艳波	产业与科技论坛	2011/1/15

续表

序号	题目	作者	期刊	发表日期
62	高校辅导员绩效考核量化指标体系的构建	赵宇	经济研究导刊	2010/10/5
63	绩效工资改革下高校辅导员选配与考核	徐作锋	高校辅导员学刊	2010/4/28
64	高校辅导员绩效管理研究	才立琴	北京教育（德育）	2010/1/25
65	高校辅导员绩效考核缺误及效因分析	朱庆峰	湖南医科大学学报（社会科学版）	2009/11/15
66	成长与沟通为导向的高校辅导员绩效考核研究	顾蓓熙	杭州电子科技大学学报（社科版）	2009/6/15
67	专业化趋势下高校辅导员绩效考核制度探析	匡玉梅	湖南农业大学学报（社会科学版）	2009/4/15
68	论高校辅导员绩效考核体系的重构	陈春生	福建论坛（社科教育版）	2008/10/20
69	高校辅导员绩效考核的实施与思考	凌峰；张红君	滁州学院学报	2006/12/30

注：根据 CNKI 中国学术期刊（网络版）相关主题文章整理所得。

发文趋势如图 1-1 所示，2010 年至 2012 年是高校辅导员绩效考核发文的高峰期，随后逐年下降。2015 年因 2014 年颁布了《高等学校辅导员职业能力标准（暂行）》进入了发文的小高峰期，此后每年稳定在 10 篇左右。2021 年至 2023 年 7 月为发文的低谷期，发文量在 5 篇以下。

在所发文章中，除了直接主题"高校辅导员""绩效考核"外，其余主要主题集中在辅导员工作、辅导员激励机制、绩效考核体系、辅导员职业化、辅导员队伍建设等方面，主要主题分布如图 1-2 所示。

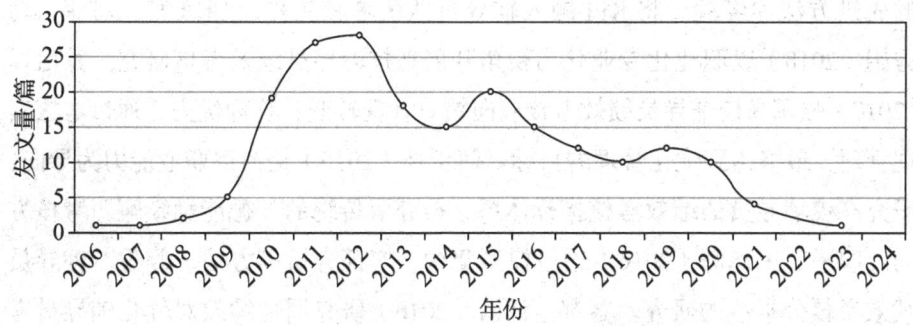

图 1-1　CNKI 中国学术期刊（网络版）高校辅导员绩效考核文章发文趋势

注：根据 CNKI 中国学术期刊（网络版）相关主题数据整理所得。

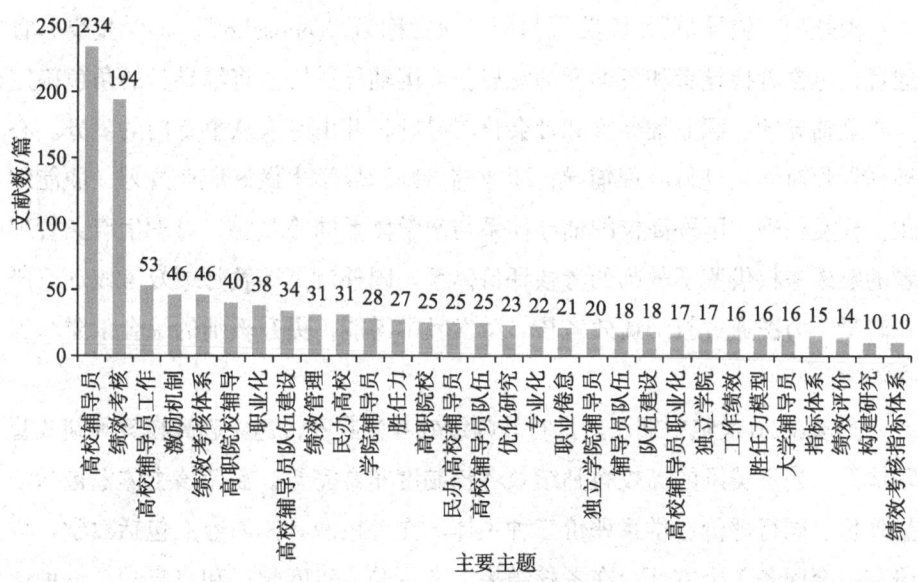

图 1-2　CNKI 中国学术期刊（网络版）高校辅导员绩效考核主要主题分布图示

注：根据 CNKI 中国学术期刊（网络版）相关主题数据整理所得。

以下文章具有一定的代表性，展示了目前的研究方向与成果。张朝霞、关俊明、熊茂华（2022）研究智能区块链技术下高校辅导员绩效评估体系架构。庄庆滨、熊昕（2020）结合数字背景，研究基于区块链基础的高校辅导员绩效考核评估体系的构建。李鹏、陈雷、许文茂（2021）借鉴企业管理中的先进方法和经验，将 KPI 融入辅导员队伍考核工作。屈家安、刘菲、马秀娟（2018）以职业化专业化为视角开展高校辅导员绩效考核研究。乔祖琴（2017）强调高校辅导员绩效考核应向绩效管理转变，管理优先，通过考核实现管理，最终达到优化管理的目标。何贵林（2015）提出以职业能力为导向，研究高校辅导员的绩效考核指标体系，摒弃了传统的"德能勤绩廉"考核方向。廖平、王光辉（2016）通过模型建构、实证分析等方法，侧重对辅导员绩效考核公平性的研究。塞鄂、汪浩（2016）研究周边绩效对优化辅导员考核指标的意义。韩锋（2011）研究 360 度绩效考核法在高校辅导员绩效管理中的应用。

2.国外研究现状

国外的"辅导员"，以美国为例，通常称为"counsellor"，即学生事务管理者，包含着指导者和咨询者的意思。美国辅导员协会将辅导员的角色确定为心理辅导师、职业辅导师和社会化辅导师，并由专人从事专门的事务。心理辅导师对学生进行心理辅导，职业辅导师指导学生做好职业规划，职能细化，分类明确。国外高校的辅导体系与教学体系同等重要，对学生事务管理者的绩效考核借鉴了教师的考核评价体系。国外对高校教师绩效考核理论研究较早，力图通过教师绩效考核，激发教师潜能，提升教师的综合素质和工作效率。

美国在 20 世纪中期开始推行教师绩效考核制度，建立起高校教师绩效管理体系。当下美国的高校教师绩效考核制度非常完备，在考核主体上包括学生评价、同行评价、学系评价三种主体。在考核的具体内容上包括教学、科研和社会服务三个方面。在考核结果上有晋升、年度聘任和终身聘任三种情形。美国的高校教师绩效考核重点围绕教学、服务和研究展开，构建科学合理的绩效考核体系，客观公正实施考核、严格监督，以充分发挥绩效考核的作用，激发教师潜能，激励教师发展。

英国的高校教师绩效考核制度与美国相比，有较大的不同。首先，从目的上看，英国高校教师绩效考核不以短期奖惩为目的，而以长期发展为宗旨，力图通过绩效考核实现教师的可持续发展，并以此为终极目标。其次，英国高校教师绩效考核程序复杂，费时较多，效率较低。最后，英国高校教师绩效考核以面谈为主，通过一对一面谈，在面谈中互相交流信息，分析和解决问题。同时通过面谈，在交流中进行理念的更新，实现教师的充分发展。

日本高校通过绩效考核来提升教师工作的积极性和责任心，其考核指标体系非常全面细致，在考核原则上独具特色，不仅坚持公开考核、全面考核，而且追求各方面均满意的效果。考核结果的运用上，考核结果不仅告知被考核教师本人，还要对外界公布，工作业绩突出者被大家知道，可起到榜样的作用；工作业绩不突出者被大家知道，可起到监督作用。

本研究以管理学中的绩效理论为指导，以2014年3月25日教育部印发的《高等学校辅导员职业能力标准（暂行）》和2017年教育部令第43号《普通高等学校辅导员队伍建设规定》为依据，构建新时代高校辅导员绩效考核体系，将理论与实践相结合，创新辅导员考核方法，促进辅导员高质量发展。

（二）社会影响

高校辅导员考核切实关系到辅导员队伍的建设和发展。引入绩效理论对辅导员进行考核，较之传统的"德、能、勤、绩、廉"考核标准，考核方法更为科学。本研究构建的绩效考核体系在考核方法、考核主体、考核权重、考核实施以及考核结果的运用等方面更切合辅导员工作实际。意图立足辅导员发展，以考核为导向，管理辅导员，引导辅导员，激励辅导员。以西南某高校为辅导员绩效考核试点单位，若成效良好，可以在全国高校中推广，助力辅导员职业化、专业化、高质量发展。

四、研究成果及研究方法的特色

（一）研究特色

1. 角度新

以2014年3月25日教育部印发的《高等学校辅导员职业能力标准（暂行）》为基础，以职业能力标准和教育部令第43号《普通高等学校辅导员队伍建设规定》为内容，摒弃传统的"德、能、勤、绩、廉"考核标准，构建高校辅导员绩效考核体系。

2. 方法新

以绩效考核理论为基础，开展交叉学科研究，探析适合新时代高校辅导员绩效考核的方法，构建科学全面的考核指标体系，采用客观公正的考核流程，力求对高校辅导员进行合理有效的绩效考核。并以绩效考核为基础，进一步研究新时代新征程上高校辅导员的高质量发展之路。

（二）研究突破

1. 绩效考核指标构建中定性与定量相结合

《高等学校辅导员职业能力标准（暂行）》对于辅导员职业能力的定性描述居多，教育部令第43号《普通高等学校辅导员队伍建设规定》对辅导员的工作描述以定性为主，而要以绩效的方式完成辅导员考核，则要合理分配考核指标中定性和定量的比重，本研究合理设计了辅导员绩效考核的量化指标。

2. 绩效考核实施过程中考核和管理相结合

考核是手段而不是目的，管理才是最终的目标。绩效考核是绩效管理的重要部分，是绩效管理不可分离的一项重要工作，但并不是最终目标，绩效考核的最终目标是实现绩效管理。对辅导员开展绩效考核，将考核与管理相结合，以实现辅导员绩效管理的最终目标。

3. 绩效考核结果运用中奖惩相结合

（1）奖励考核优秀的辅导员。辅导员考核结果要与职务、职称晋升，培训等挂钩。对于考核优秀的辅导员要实施奖励，包括物质奖励和精神奖励。

（2）鼓励考核合格的大多数辅导员。看重考核合格的大部分普通辅导员的努力，给予他们更多的人文关怀。

（3）帮助考核不合格的少数辅导员。对于考核中发现的不足，上级领导部门要及时反馈，与辅导员进行充分的沟通和交流，指出其绩效考核反映出的不足之处，给予时间加以改善和提高。

（4）制订辅导员高质量发展计划。以考核结果为依据，制订不同的辅导员发展计划。对于想走职业化、专业化、专家化道路的辅导员给予必要的进修培训和提升学历的机会,帮助他们积极发展;对于想转岗的辅导员给予环境支持。

4.绩效考核反馈中"上、中、下"相结合

在绩效考核理论中,绩效反馈是绩效考核中不可或缺的环节。绩效考核如果缺乏反馈则失去意义,绩效考核的核心即是通过绩效反馈机制发挥绩效考核能力提升的功能。因此,高校在辅导员绩效考核中,必须要把考核全过程中的特殊情况和考核后的结果及时地反馈给辅导员,使辅导员认识到工作中的不足,并加以改善。高校辅导员绩效考核,应当建立绩效考核反馈机制,"上、中、下"相结合,"上"可以向考核部门提出合理建议和申诉;"中"加强与同事之间的沟通反馈;"下"与学生就绩效考核中学生提出的意见和建议进行沟通交流。

第二章

高校辅导员内涵释义

教育部于2017年修订了《普通高等学校辅导员队伍建设规定》，修订后的《普通高等学校辅导员队伍建设规定》将辅导员界定为：辅导员是开展大学生思想政治教育的骨干力量，是高等学校学生日常思想政治教育和管理工作的组织者、实施者、指导者。辅导员应当努力成为学生成长成才的人生导师和健康生活的知心朋友。

一、高校辅导员词源释义

辅，有"车轮外旁增缚夹毂的两条直木""辅助""从属、次要""京城附近起辅卫作用的郡邑""人的颊骨"等多个含义。也含有上级对下级、长辈对晚辈的关怀之意，如《尚书·周书·蔡仲之命》有"皇天无亲，惟德是辅"的说法。

导，其本字上面是首表示人；下面是止表示脚；外面是行表示路口。合在一起的意思是，人走到路口时，需要得到引导、引领。导有指引、带领、启发等意思。

员，员字由本义圆形引申为周围。如《诗经·商颂·玄鸟》："景员维河。"周围有许多数量的事物，故又引申为物的数目。由物数又引申为人数。所以有"官员"一词，再由一定数量的人引申为指某种职业和特定的人，如学员、成员、店员等。[①]

辅导作为一词，意思是帮助和指导。《周书·宇文孝伯传》："且先帝付

---

① 何金松：《汉字文化解读》，湖北人民出版社2004年版，第411页。

嘱微臣，唯令辅导陛下，今谏而不从，寔负顾托。"《陈书·孔奂传》："如臣愚见，愿选敦重之才，以居辅导。"

辅导员，从词源上理解，即是帮助和指导的人员，含有长辈对晚辈的关怀之意。高校辅导员是指在高等院校中从事学生的思想政治教育、学生日常管理、就业指导、心理健康以及学生党团建设等方面的工作的学校公职人员。

二、高校辅导员历史沿革——以相关文件为视角

（一）初创期（1951—1966年）

1951年至1966年，是新中国高校辅导员制度的初创期。新中国成立后，除去革命期间中共创立的高校，如上海大学、陕北公学等以马克思主义为指导的高校不存在意识形态转型的问题，其他高校都面临一个意识形态转型的问题。为使高校植根于社会主义社会并服务于社会主义，国家对高校进行了全面的整合和干预，辅导员制度由此应运而生。

1951年11月30日，政务院批准了教育部《关于全国工学院调整方案的报告》。该报告以全国工学院为对象，为了加强工学院的思想政治教育领导工作，建议全国各工学院在有准备的前提下推行政治辅导员制度，选聘专门人员担任政治辅导员，开展政治学习和思想教育工作。[①]这是新中国成立以来，党中央首次明确提出在高校推行政治辅导员制度。

1952年10月28日，教育部发出了《关于在高等学校有重点地试行政治工作制度的指示》，指出为开展马列主义思想建设工作，加强政治领导，需要在全国高校中建立起政治工作制度，改进政治思想教育，夯实全国高等学校教育建设事业政治基础。该指示要求在全国高等学校设立政治辅导处，选聘政治辅导员，以辅导学生政治学习和社会活动为主要任务。[②]该文件进一步提出了要在全国高校推行政治辅导员制度。

1953年3月13日，经过高等教育部审批，清华大学政治辅导处正式成

---

① 何东昌：《中华人民共和国重要教育文献（1949—1975）》，海南出版社1998年版，第131页。
② 何东昌：《中华人民共和国重要教育文献（1949—1975）》，海南出版社1998年版，第176页。

立，并选拔了一批思想政治觉悟高，学习成绩优秀，各方面表现良好的党员或团员担任辅导员，新中国历史上第一批政治辅导员由此产生。

1961年9月15日，中共中央批准试行《教育部直属高等学校暂行工作条例（草案）》，即著名的"高教60条"。"高教60条"明确要求在大学一年级和二年级设置政治辅导员，提出要从学校的专职党政干部、政治理论课教师以及其他青年教师中选拔出一批有政治工作经验的人担任政治辅导员，为大学生政治学习和生活服务。特别指出，要注意培养和配备一批专职的辅导员。[①] "高教60条"的出台，不仅标志着政治辅导员制度由清华大学推广到全国其他高校，而且也显露出政治辅导员由兼职向专兼结合转化的倾向。

1965年高等教育部制定的《高等学校学生班级政治辅导员工作条例（草案）》中，明确了政治辅导员的工作职责，标志着高校辅导员的机构设置、工作制度初步形成。

（二）恢复发展期（1977—1999年）

1977年至2000年，是高校辅导员制度的恢复和发展期。

1978年，教育部出台《全国普通高等学校工作条例》，再一次要求在一、二年级设立政治辅导员，建立一支学生思想政治工作队伍，大力加强学生思想政治工作。曾经因政治运动而中断数年的政治辅导员制度因为该条例的出台而恢复，高校政治思想工作再次被提上重要日程。

1980年，教育部与团中央共同提出《关于加强高等学校学生思想政治工作的意见》，指出要加强学生的思想政治工作，必须要有一支坚强有力的政治工作队伍。高校要根据具体情况建立政治辅导员制度。政治辅导员应当从政治素质过硬、业务水平较高的教师和优秀的毕业生中选任。明确辅导员的重要性，认为辅导员和教学人员一样，都是高校发展不可或缺的重要力量。并在职称评定和发展待遇方面作出了规定，明确了辅导员可以分情况"双线晋升"。

---

① 史宗恺：《一项大有出息的负担——清华大学辅导员校友访谈录》，清华大学出版社2014年版，第26页。

1981年7月，教育部在《高等学校思想政治工作暂行规定》中进一步指出要建立起一支又红又专、专兼结合的辅导员队伍来开展学生思想政治教育工作。从国家政策层面对辅导员队伍的组成形式，政治素质、业务素质、选拔条件和任职要求作出了明确而具体的规定，为高校辅导员制度的发展起了保障作用。

1984年4月，教育部决定在以清华大学为代表的部分高校设置思想政治教育专业，通过专业系统的教育，培养从事思想政治工作的专业人才。自此，毕业于思想政治教育专业的人才成为辅导员队伍的中坚力量。

1986年5月，中共中央、国务院批转的国家教委《关于加强高等学校思想政治工作的决定》在思想政治工作队伍方面特别强调，要立足于高校的长远建设，培育和造就一批思想政治教育方面的专家学者。同时指出："高等学校的思想政治工作队伍应由精干的专职人员与较多的兼职人员组成。"明确规定了政治辅导员在选拔、培养、使用和今后的职业发展方向等方面的具体内容，对于辅导员队伍建设具有长远的指导意义。同年又颁布了《关于高等学校学生思想政治工作兼职人员若干问题的规定》《关于选配品学兼优的应届毕业生充实高等学校思想政治教育工作队伍的通知》《在高校学生思想政治教育专职人员中聘任教师职务的实施意见》等文件，拓展了辅导员队伍的来源，现实地推动了辅导员制度的发展。

1987年，中共中央在《关于改进和加强高等学校思想政治工作的决定》中提出高等学校的思想政治工作队伍应由精干的专职人员与较多的兼职人员组成。要求高校的每个班级都应配备辅导员，而不仅仅是在一、二年级配备辅导员，扩大了辅导员的工作对象范围。明确了辅导员的教师身份，应当将辅导员列入教师编制。

1993年2月，中共中央、国务院下发的《中国教育改革和发展纲要》指出："高等学校要建设好一支以精干的专职人员为骨干、专兼职结合的思想政治工作队伍。"1993年8月，为继续贯彻落实中央有关文件精神，中共中央下发了《关于新形势下加强和改进高等学校党的建设和思想政治工作的若干意见》，再一次提出要着力打造一支以精干的专职为骨干、专兼结合的政工队伍，指出要培养一批又红又专的党务和政工干部骨干，党务和政工干部在政治和业务素质上要坚持高标准，在工作上要提出高要求，并从实际出发，采取特殊政策在力所能及的范围内提高他们的生活待遇，为骨干队伍的巩固和提高提供保障。

1994年，中央召开了第二次全国教育工作会议，会议印发中共中央《关于进一步加强和改进学校德育工作的若干意见》，意见明确要加强德育队伍建设，优化德育队伍结构，建设一支信念坚定、业务精湛、功能互补、专兼结合的德育工作队伍。同时提出积极支持和发展双肩挑制度；并为德育工作队伍的待遇和发展提供保障，强化德育工作者的社会实践。该文件的重要意义在于结合新时期思想政治工作的新形势，改变了辅导员的身份定位，淡化了"政工干部"强化了"德育队伍"概念。

1995年11月，根据中共中央《关于进一步加强和改进学校德育工作的若干意见》等规定的要求，原国家教委制定颁布了《中国普通高等学校德育大纲》。大纲重申要优化队伍结构，建设一支专兼结合、功能互补、政治坚定、业务精湛的德育队伍。对德育队伍的建设情况作出了详细的规定。要求高校以师生比1∶120～150的比例配备专职德育人员，学生人数相对较少的高校可以适当提高比例。教育部在1981年曾经规定各高校要以师生比1∶120配备一线专职人员从事学生思想政治教育工作，这是第二次以文件的形式对辅导员的配备数量提出了要求。按照一定数量的学生配备相应的辅导员，能够更细致全面地开展大学生思想政治教育工作，避免因学生数量多而辅导员数量少导致思想政治教育工作落不到实处的局面发生。该文件中的比例要求明文规定是对专职德育人员的要求，至此，辅导员队伍逐渐由兼职为主、专职为辅、专兼结合的"双肩挑"模式转化为专职为主、兼职为辅、专兼结合的模式，这是高校辅导员制度发展过程中的重要转变，为辅导员职业化专业化发展打下了基础。

1999年，第三次全国教育工作会议下发了中共中央《关于加强和改进思想政治工作的若干意见》，要求建设一支政治强、业务精、作风正的思想政治工作队伍，按照提高素质、优化结构、相对稳定的要求，选拔一批德才兼备的中青年干部充实到思想政治工作队伍中来。要注意培养和关心思想政治工作者，帮助他们提高思想政治素质和业务能力，肯定思想政治工作者的贡献和成绩,对表现优秀的人员要给予表彰和奖励。该文件的出台体现了党的第三代领导集体对思想政治工作、对辅导员队伍的高度重视。

(三)稳步发展期(2000—2013年)

2000年至2013年,高校辅导员制度稳步发展。

2000年7月,中共教育部党组印发《关于进一步加强高等学校学生思想政治工作队伍建设的若干意见》,重申思想政治工作队伍建设的重要性。要求各高等学校在选拔、使用、管理、培养、培训方面,加强对政治辅导员的教育、培养。并要建立必要的规章制度,切实保证各项培养工作的落实。

2004年10月,国务院出台了《关于进一步加强和改进大学生思想政治教育的意见》,指出辅导员是大学生思想政治教育的骨干力量,负有指导学生的思想、学习和生活的职责。辅导员要按照党委的部署有针对性地开展思想政治教育活动。要着力建设一支高水平的辅导员队伍,院系的每个年级都要按适当比例配备一定数量的专职辅导员。该意见是辅导员发展建设的纲领性文件,是辅导员制度发展史上的里程碑,具有十分重要的意义。该意见首次将"政治辅导员"改称"辅导员",赋予了辅导员新的含义,对辅导员的角色、职责和功能都有了新的定位。看似简单的一个名称变化,所折射出来的是国家对高校思想政治教育工作关键点的变化。政工干部队伍,更加强调的是党的政治工作;政治辅导员,着重强调的是对大学生的思想政治教育工作;而辅导员,强调的是帮助大学生全面发展,要对大学生的思想、心理、学习、生活、职业等进行全面的辅导,帮助和促进大学生全面发展,思想政治教育是其中最首要最关键的工作。辅导员具有更丰富的内涵和外延,由此,辅导员专业化、职业化发展研究之路也开始起步。同时,文件首次提出了要制定辅导员的管理考核办法,这也是辅导员职业化、专业化的必然要求。

2005年1月,教育部出台了《关于加强和改进高等学校辅导员、班主任队伍建设的意见》,该意见强调辅导员、班主任是高等学校教师队伍的重要组成部分,对辅导员的政策待遇、选拔、培训、管理、考核作出了明确的规定。要求定期对辅导员、班主任进行工作考核。考核结果要与职务聘任、奖惩、晋级等挂钩。高度重视辅导员的职业化、专业化发展，将辅导员发展与职业发展有机融为一体。

2006年4月，首次全国高校辅导员队伍建设工作会议在上海召开。同年7月，教育部颁布《普通高等学校辅导员队伍建设规定》（教育部令第24号），于2006年9月1日起施行。该文件对辅导员的要求与职责、配备与选聘、培养与发展、考核与管理作出了完整的规定。该规定首次明确了辅导员的"双重身份"。认为辅导员具有教师和干部的双重身份，既是教师又是管理人员。明确了辅导员是开展大学生思想政治教育的骨干力量，是高校学生日常思想政治教育和管理工作的组织者、实施者和指导者。辅导员应当努力成为学生的人生导师和健康成长的知心朋友。要求各高等学校制定辅导员工作考核的具体办法，健全辅导员队伍的考核体系。考核结果要与辅导员的职务聘任、奖惩、晋级等挂钩。随着国家高等教育的发展，高校学生人数增加，将辅导员配备数量确定为了1∶200。教育部第24号令的出台，极大地促进了辅导员队伍的建设和发展。

（四）深化发展期（2014年至今）

2014年，《高等学校辅导员职业能力标准（暂行）》出台，系统地确定了高校辅导员的能力标准和工作范畴，也为辅导员考核提供了具体的指标。该文件是提升大学生思想政治教育工作质量的一个重要文件，进一步加强了高校辅导员队伍建设，推动了高校辅导员队伍向专业化、职业化发展。该文件的出台标志着高校辅导员有了自身职业能力发展的纲领性文件，高校辅导员队伍建设制度和工作制度的细节逐步完善，从而形成辅导员发展新的内涵和趋势。

2016年12月，习近平总书记在全国高校思想政治工作会议上发表重要讲话，着重强调：高校思想政治工作队伍为高等教育事业发展作出了重要贡献，要整体推进辅导员班主任队伍建设，保证这支队伍后继有人、源源不断。辅导员作为高校思想政治工作的中坚力量，促进其职业化、专业化发展势在必行。

2017年2月27日，中共中央、国务院印发了《关于加强和改进新形势下高校思想政治工作的意见》，提出高校思想政治工作队伍和党务工作队伍具有教师和管理人员双重身份，要纳入高校人才队伍建设总体规划，形成一支专职为主、专兼结合、数量充足、素质优良的工作力量。重申了辅导员的双重身份，进一步强调辅导员以专职为主。

2017年8月31日，教育部令第43号《普通高等学校辅导员队伍建设规定》经教育部2017年第32次部长办公会议修订通过，自2017年10月1日起施行。与教育部第24号令相比，第43号令明确提出要加强辅导员队伍专业化、职业化建设，不断提高辅导员队伍的专业化水平和职业能力，保证辅导员工作有条件、干事有平台、待遇有保障、发展有空间。结合新形势，将优秀网络文化成果纳入专职辅导员的科研成果统计、职务（职称）评聘范围；落实专职辅导员职务职级"双线"晋升要求，强调要根据辅导员职业能力标准制定辅导员考核办法。教育部第43号令为辅导员队伍创建了更加明朗宽广、建功立业的发展平台，在辅导员配备与选聘、培训与发展、管理与考核等多方面深化改革，不断提高辅导员队伍的专业水平和职业能力。

三、高校辅导员的角色演进

选取1951—2020年最具代表性的11份有关高校辅导员的政策文件（见表2-1）作为文本分析对象，将我国国家政策中关于辅导员的角色变化情况进行动态表达，以明确各个时期高校辅导员扮演的主要角色。

表2-1　1951—2020年有关高校辅导员的代表性政策文件

年份	文件名
1951年	《关于全国工学院调整方案的报告》
1952年	《关于在高等学校试行政治工作制度的报告》
1965年	《高等学校学生班级政治辅导员工作条例（草案）》
1980年	《关于加强高等学校学生思想政治工作的意见》
1986年	《普通高等学校设置暂行条例》
1995年	《中国普通高等学校德育大纲》

续表

年份	文件名
2004 年	《关于进一步加强和改进大学生思想政治教育的意见》
2010 年	《中国共产党普通高等学校基层组织工作条例》
2014 年	《高等学校辅导员职业能力标准（暂行）》
2017 年	《普通高等学校辅导员队伍建设规定》
2020 年	《关于加快构建高校思想政治工作体系的意见》》

注：根据相关文件整理。

通过文件梳理可见，新中国成立 70 多年来，高校辅导员发生了由"政工干部"到"既是教师又是政工干部"再到"既是教师又是管理人员"的演变；职责范围由"政治思想教育"到"思想政治教育、管理和服务"的演变；角色定位由大学生的"政治领路人"到大学生日常思想政治教育和管理工作的组织者、实施者、指导者以及大学生的人生导师和知心朋友等方面的演变；行为模式由"权威、说教"到"平等、引导、促进"的演变。高校辅导员制度伴随着我国社会、经济、教育的发展，走过了一条体现时代发展的渐进之路。高校辅导员角色的不断转变、发展，主要表现在角色定位、角色规范、角色实践、角色评价四个方面。

（一）角色定位由单一化到多元化

高校辅导员的角色定位，是指在坚持党的教育方针的前提下，在高校思想政治工作场域中，对高校辅导员职业角色进行恰当定位，并对这一角色进行调整与评价的过程。角色定位是高校辅导员队伍顶层设计的体现，角色定位是否科学、合理、清晰，影响着高校辅导员的角色认知、角色扮演。1949 年新中国成立至思想政治教育学科创立前，高校辅导员的主要工作是加强大学生的政治思想引领，角色定位是政治辅导员，这与当时的国际环境、社会环境是一致的。随着经济的发展、社会的进步，社会分工更加明细，高校辅导员的角色定位相较于前一时期，内涵更加多样，更加细化。高校辅导员是学生发展的支持者和引导者，他们关注学生的全面发展，帮助学生解决学业、职业、人际关系等方面的问题，促进学生的成长和发展；是学生心理健康促进的重要推动者，他们通过心理咨询、心理教育和心理健康活动等方式，帮助学生提高心理素质，增强心理适应能力，预防和解决心理问题；是学生学业指导的专业人员，他们通过学业辅导、学习策略指导和学习资源提供等方式，帮助学生制定学习目标，提高学习效果，克服学习困难，培养良好的学习习惯和方法；是学生职业规划的指导者，他们通过职业咨询、职业测试和职业培训等方式，帮助学生了解自己的兴趣、能力和价值观，探索职业发展的可能性，制定职业规划和发展路径。在不断推进高校辅导员队伍专业化、职业化建设过程中，围绕高校辅导员应当做什么工作、怎样开展工作、如何提升工作成效，党中央和各级教育主管部门下发政策文件，采取系列举措，将不同主体对高校辅导员角色期望具体化，明确角色定位，促进角色认知。新时代，高校辅导员角色定位不仅要适应工作环境中新的发展变化，而且要适应思想政治工作过程、教书育人过程、学生成长过程的诸多变化，与之前的发展阶段相比，新时代高校辅导员角色定位内涵更加多样、更加精细，并将继续朝着这个方向不断发展。

（二）角色规范由政治性到全面性

角色规范是指在高校辅导员角色扮演过程中必须遵守的行为准则。高校辅导员角色规范在长期的思想政治工作实践中形成发展，随着时代的发展变化而不断调整完善。纵观高校辅导员角色的发展演变历程，角色规范既包括成文的规章制度，如高校辅导员行为规范、高校辅导员职业能力标准、高校辅导员队伍建设规定；也包括不成文的、约定俗成的行为准则，如高校辅导员师德建设要求等。前期的高校辅导员角色规范突出强调政治性，在政治素质方面，要有坚定的共产主义信念，忠诚党的领导，遵守党的纪律和政策，积极践行党的宗旨，为党和人民事业贡献力量。在知识水平方面，坚持马克思主义指导地位，深入学习和研究马克思主义理论，将其运用于教育教学工作中；在工作能力方面，要有从事思想政治工作所必须的能力，能够通过教育引导的方式帮助学生树立正确的世界观、人生观、价值观，增强学生的政治觉悟和思想认同。这一时期虽未形成独立的高校辅导员角色规范体系，但是为后期高校辅导员角色规范的建立与发展奠定了坚实的理论基础、提供了良好的实践经验。随着高校思想政治工作的科学化、标准化发展,推动着新时代高校辅导员角色规范的全面化、系统化、具体化。在新时代,高校辅导员政治面貌要求更加严格、工作情感要求更加深厚、基本文化程度要求更高、专业知识储备要求更为丰富、工作能力要求更为全面,高校辅导员角色规范更加全面,涵盖了他们在教育、指导和支持学生方面的职责和义务。

(三)角色实践由单独性到团队性

角色实践是指高校辅导员按照角色定位和角色期望创造角色的过程,是角色领悟和角色学习的进一步发展,是角色扮演的关键阶段。根据角色实践理论,个体在角色中的实践和互动过程中会逐渐形成自我认同和个体发展。高校辅导员队伍建设既与辅导员个体相关,也与辅导员团队相关,特别是在辅导员的角色实践中,既有个体角色行动,也有团队角色行动。高校辅导员制度建立初期,高校辅导员本身没有接受过系统的专业化训练,解决工作中的相关问题主要依靠经验的"知识"而非学理的知识。高校辅导员队伍主要由兼职辅导员构成,不仅要承担政治引导等工作,还要负责辅导员工作外的教学、科研等工作内容,难以集中精力进行角色创造,尚未形成团队实践形式。进入新时代,高校辅导员队伍发展壮大,队伍构建以专职为主、兼职为辅。高校积极重视辅导员团队建设,明确辅导员在团队中的角色和职责,建立辅导员团队成员之间的良好沟通渠道,包括例会、沙龙、工作坊等,促进信息共享、讨论问题和解决方案,提高团队协作效果。通过组织团队建设活动、培训课程等方式,鼓励团队成员之间的合作和互助,促进团队的凝聚力和协作能力,激发团队成员的工作热情和创造力。积极构建合作型辅导员团队成为一种趋势,不同的辅导员分工负责日常管理、学业辅导、就业指导、心理健康教育等工作,在整体配合的基础上,整合辅导员的专长来建设高效团队。

(四)角色评价由单向性到多维度

高校辅导员角色评价是指高校相关部门、所在院系领导、大学生、高校辅导员自身等主体,从角色期望出发,观察和了解高校辅导员角色扮演的基本情况，对高校辅导员的角色扮演进行的综合性评价。科学客观的角色评价不仅有助于高校辅导员角色评价机制的建设与完善，而且有助于高校辅导员了解角色扮演中的不足，不断加强角色建设。在高校辅导员角色定位的探索阶段，高校辅导员角色评价工作处于萌芽状态，主要是主管部门对高校辅导员的单向考评，角色评价主要参考工作投入、工作效果等。20世纪末21世纪初，高校辅导员角色评价注重将动态评价与静态评价相结合、定性评价与定量评价相结合、全面评价与重点评价相结合，力求客观公正；并将评价结果与职务评聘、奖惩、晋级等挂钩，强调加强日常管理、严格评价。进入21世纪，高校辅导员角色评价制度不断发展完善，明确规定对高校辅导员的角色评价由组织人事部门、学生工作部门、院（系）和学生共同参与，多主体相互配合，全方面对高校辅导员角色扮演进行评价。新时代，高校辅导员角色评价朝着更加科学化的方向发展，在前一阶段明确评价主体的基础上，规定了不同主体的职责与分工，高校辅导员角色评价继续朝着多元化主体评价发展，并且评价内容也更加科学化、系统化。

四、高校辅导员的基本条件

教育部令第43号《普通高等学校辅导员队伍建设规定》要求：高等学校应当按总体上师生比不低于1∶200的比例设置专职辅导员岗位，按照专兼结合、以专为主的原则，足额配备到位。辅导员应当符合以下基本条件：

一是要具有较高的政治素质和坚定的理想信念，坚决贯彻执行党的基本路线和各项方针政策，有较强的政治敏感性和政治辨别力。

二是要具备本科以上学历，热爱大学生思想政治教育事业，甘于奉献，潜心育人，具有强烈的事业心和责任感。

三是要具有从事思想政治教育工作相关学科的宽口径知识储备，掌握思想政治教育工作相关学科的基本原理和基础知识，掌握思想政治教育专业基本理论、知识和方法，掌握马克思主义中国化相关理论和知识，掌握大学生思想政治教育工作实务相关知识，掌握有关法律法规知识。

四是要具备较强的组织管理能力和语言、文字表达能力，及教育引导能力、调查研究能力，具备开展思想理论教育和价值引领工作的能力。

五是要具有较强的纪律观念和规矩意识，遵纪守法，为人正直，作风正派，廉洁自律。

五、高校辅导员的工作要求

教育部令第43号《普通高等学校辅导员队伍建设规定》中关于工作要求的论述突出了对高校辅导员在职业守则、思想引领、价值引导和信念养成等方面的能力要求：恪守爱国守法、敬业爱生、育人为本、终身学习、为人师表的职业守则；围绕学生、关照学生、服务学生，把握学生成长规律，不断提高学生思想水平、政治觉悟、道德品质、文化素养；引导学生正确认识世界和中国发展大势、正确认识中国特色和国际比较、正确认识时代责任和历史使命、正确认识远大抱负和脚踏实地，成为又红又专、德才兼备、全面发展的中国特色社会主义合格建设者和可靠接班人。

六、高校辅导员的主要职责

教育部令第43号《普通高等学校辅导员队伍建设规定》中对高校辅导员的工作职责进行了分类和厘清，新时代高校辅导员有九大工作职责。

（一）思想理论教育和价值引领

引导学生深入学习习近平总书记系列重要讲话精神和治国理政新理念新思想新战略，深入开展中国特色社会主义、中国梦宣传教育和社会主义核心价值观教育，帮助学生不断坚定中国特色社会主义道路自信、理论自信、制度自信、文化自信，牢固树立正确的世界观、人生观、价值观。掌握学生思想行为特点及思想政治状况，有针对性地帮助学生处理好思想认识、价值取向、学习生活、择业交友等方面的具体问题。

（二）党团和班级建设

开展学生骨干的遴选、培养、激励工作，开展学生入党积极分子培养教育工作，开展学生党员发展和教育管理服务工作，指导学生党支部和班团组织建设。

（三）学风建设

熟悉了解学生所学专业的基本情况，激发学生学习兴趣，引导学生养成良好的学习习惯，掌握正确的学习方法。指导学生开展课外科技学术实践活动，营造浓厚学习氛围。

（四）学生日常事务管理

开展入学教育、毕业生教育及相关管理和服务工作。组织开展学生军事训练。组织评选各类奖学金、助学金。指导学生办理助学贷款。组织学生开展勤工俭学活动，做好学生困难帮扶。为学生提供生活指导，促进学生和谐相处、互帮互助。

（五）心理健康教育与咨询工作

协助学校心理健康教育机构开展心理健康教育，对学生心理问题进行初步排查和疏导，组织开展心理健康知识普及宣传活动，培育学生理性平和、乐观向上的健康心态。

（六）网络思想政治教育

运用新媒体新技术，推动思想政治工作传统优势与信息技术高度融合。构建网络思想政治教育重要阵地，积极传播先进文化。加强学生网络素养教育，积极培养校园好网民，引导学生创作网络文化作品，弘扬主旋律，传播正能量。创新工作路径，加强与学生的网上互动交流，运用网络新媒体对学生开展思想引领、学习指导、生活辅导、心理咨询等。

（七）校园危机事件应对

组织开展基本安全教育。参与学校、院（系）危机事件工作预案制定和执行。对校园危机事件进行初步处理，稳定局面控制事态发展，及时掌握危机事件信息并按程序上报。参与危机事件后期应对及总结研究分析。

（八）职业规划与就业创业指导

为学生提供科学的职业生涯规划和就业指导以及相关服务，帮助学生树立正确的就业观念，引导学生到基层、到西部、到祖国最需要的地方建功立业。

（九）理论和实践研究

努力学习思想政治教育的基本理论和相关学科知识，参加相关学科领域学术交流活动，参与校内外思想政治教育课题或项目研究。

七、高校辅导员的工作特点

作为一项专门做人的思想工作、熏陶人的心灵的职业，高校辅导员有其自身的工作特点。

（一）工作职能众多

与高校专业教师、行政人员和后勤工作人员相比，辅导员需要做学生的思想政治教育工作、日常管理工作以及各种为学生服务的服务性工作，集中体现了高等院校教育、管理和服务三位一体的工作特征。高校辅导员的工作内容涵盖了多个领域和层面。他们不仅担负学生的日常管理，关注学生的学业发展，还关注他们的心理健康、人际关系、职业规划等方面的问题。辅导员需要具备跨学科的知识和技能，能够运用不同的辅导方法和技术，提供全面的服务和支持。

（二）工作形式多样

辅导员的工作有一大部分涉及学生的思想政治教育和校风、学风、校园文化建设等，内容比较抽象，但具体工作形式却体现为各种事务形式。这当中，辅导员须先将各种政策、知识甚至技能内化，再通过举行会议、组织活动、与学生谈心、走访学生宿舍等各种事务工作的方式对学生进行教育、管理和服务。

（三）工作辐射面大

很多高校都是对比辅导员和学生按照 1∶200 或 1∶250 甚至更高的比例配备辅导员数量，辅导员的形象、素质、工作责任心、水平、能力等的好坏、高低将直接对数百名学生产生影响，辐射面较大。

（四）工作方法灵活

辅导员的部分工作无固定方法可循，主要表现在对学生的品德培养、思想政治教育方面。一方面，学生是能动的主体，辅导员在工作方法上不能一概而论；另一方面，辅导员对学生的德育、思想政治教育要灵活融汇在各种形式的班级会议或活动中，而不能简单地照本宣科。这些都要求辅导员的工作要辩证、灵活地开展。

（五）工作效果隐蔽

辅导员部分工作，如思想价值引领、职业指导、心理健康教育，短期内无法显现效果。尤其是对学生的德育和思想政治教育，涉及学生的人生观、世界观、价值观的建立、深化或改变，学生原有的思维方式将在一定程度上增进或抵消辅导员的工作效果，而学生"三观"的变化是一个内化过程，在一定时间内很难显现或衡量。

（六）工作时间持续

高校辅导员的工作时间相对灵活，他们需要根据学生的需求和工作任务合理安排工作时间以满足学生的需求。与其他行政事务、教学工作人员不同，辅导员的工作及责任不能仅限于8小时工作时间内，只要有需要，24小时都必须待岗，包括节假日。辅导员的工作地点也从办公室延伸到教室、学生的宿舍甚至学生活动场所。

（七）接受双重领导

辅导员由所在院系及学校学生工作部门双重领导。与学校其他教师及工作人员不同，辅导员在工作中由学校学工部门和二级院系进行双重领导。学工部门是学校管理辅导员队伍的职能部门，而对辅导员进行直接领导和管理的是各个院系，双方共同做好辅导员管理工作。

第三章

绩效及绩效考核内涵释义

一、绩效的内涵释义

（一）绩效的词源释义

在古汉语中，"绩效"一词为"绩"和"效"两个意思。所谓"绩"，有"成就；功业"之意，如：《尔雅》曰：绩，功也，又，业也，又，事也，又，成也。字亦作勣。《书·尧典》说到：庶绩咸熙。又有《诗·大雅》维禹之绩。《传》绩，业也。另有功效之意，如绩用（绩效，功用）；绩远（功效，工作的成绩）。所谓"效"，作名词有"效果，功效"之意。《淮南子·修务训》："夫圣人之心，日夜不忘于欲利人，其泽之所及者，效亦大矣。"三国蜀诸葛亮《前出师表》："受命以来，夙夜忧叹，恐托付不效，以伤先帝之明。"

英文中，"绩效"一词被译为"performance"，用作名词，意思为"履行；性能；表现；演出"。

从中文对"绩效"的解释来看，绩效的本质是经过工作而得到一种"从无到有"的成果；从英文对"绩效"的解释来看，绩效的本质是经过工作而得到的表现与结果。对比"绩效"在中英文中的解释，我们可以看出"绩效"的外延，即绩效是一个产生量或增量；绩效不能脱离工作或劳动而产生；绩效不仅要考察结果如何，还要考察过程如何。"绩效"一词产生于组织或员工的工作或劳动，形成于组织或员工工作或劳动的结果，扩展于工作过程和工作效果。

（二）绩效概念的多元观点

工业革命时代，人事管理之父罗伯特·欧文在苏格兰新拉纳克的棉纺厂推行了一种新的管理制度。欧文根据工人在工厂的表现，将工人的品行分为恶劣、怠惰、良好和优质四个等级，用一个木块的四面涂上黑、蓝、黄、白四色分别表示。每个工人的前面都有一块，部门主管根据工人的表现进行考核，厂长再根据部门主管的表现对部门主管进行考核。考核结果摆放在工厂里的显眼位置上，员工一眼就可以看到每个员工木块的不同颜色。为了保证这种考核的公正，欧文还规定，无论是谁认为考核不公，都可以直接向他进行申诉。罗伯特·欧文开启了绩效考核的先河，引起了管理者和研究人员的重视。如何有效地调动个体的工作积极性和创造性，提升他们的绩效也逐渐演变为人力资源开发和管理研究的核心。但由于绩效本身的复杂性，以致较长一段时间以来，绩效并没有形成一个统一的概念。

1.绩效表现为结果或产出

绩效表现为"结果"的观点意指，一项或若干项工作后得出的结果就是绩效，我们也常常把其称为业绩、功绩、政绩。

从"科学管理之父"弗雷德里克·温斯洛·泰罗推出"计件工资制"起，人们在实践中就非常明显地将绩效按"结果或产出"来加以运用了。贝纳丁等人将绩效定义为"在特定的时间内，由特定的工作职能或活动产生的产出记录，工作绩效的总和相当于关键和必要工作职能中绩效的总和"；认为"员工绩效是员工在一定的时期内基于特定的职能或活动的产物，尽管有其他因素影响结果，但只有结果才是组织对员工评价的标准"。这些都体现了他们对绩效是"结果或产出"观点的坚持。后来，一些学者又对绩效是结果或产出的概念进一步加以深化，如杰里·W.吉雷和安·梅楚尼奇等（2005）认为绩效就是完成任务的结果，并提出责任、目标、工作描述和能力等表达绩效要求的方法。①

2.绩效表现为工作行为

绩效表现为工作行为是指，一项或若干项工作在得到工作结果前的工作

---

① [美]杰里·W.吉雷、安·梅楚尼奇：《组织学习、绩效与变革：战略人力资源开发导论》，康青译，中国人民大学出版社2005年版，第105页。

过程中，工作承担者的行为方式、行为程序、行为规则就是绩效。在实践中人们发现，许多情况下绩效很难直接归结为员工活动的具体结果，对于职能岗位的人员和工作任务属于群体工作一部分的员工来说，这一点尤其突出。在后一种情况下，群体的绩效可能易于评价，但每个成员的贡献很难甚至不可能清楚地区别开来。与此同时，人们发现员工的行为更能体现绩效特征，于是就产生了"绩效是行为"的观点。如墨菲等（1991）把绩效定义为"一套与员工所在组织或小组的目标相关的行为"，[①]这种行为包括生产性绩效行为和反生产性绩效行为。坎贝尔等（1993）也是持这种观点的代表人物，他提出工作绩效理论时，将工作绩效定义为"员工所控制的与组织目标有关的行为"；坎贝尔等还提出一个绩效结构的八因素模型，具体包括细化的工作任务熟练程度、非细化的工作任务熟练程度、书面和口头交流任务的能力、表现出的努力、维护员工纪律、促进他人和团队业绩、监督上级管理等。[②]根据这一定义，绩效应该只包括那些与组织目标有关的、并且可以根据员工的能力进行评估的行动或行为，绩效并不是行为的后果或结果，它就是行为本身。

3. 绩效表现为行为关系

绩效表现为"行为关系"是指，绩效产生于与行为密切相关的种种因素中，对这些因素的管理可以提高绩效。也就是说，高绩效的产生来自于工作行为的众多影响因素，对工作行为的影响因素的改善与管理将导致高绩效的产生。学者们围绕这个思路对影响工作行为的因素进行了大量研究，并分离出情境绩效、任务绩效、态度绩效、能力绩效等，并指出对这些因素进行管理将会改善和提高绩效水平。

（1）情境绩效和任务绩效。伯曼和莫特维多（1993）提出工作绩效可以分为"情境绩效"和"任务绩效"，情境绩效（也被称作关系绩效或周边绩效）是指一组在社会和动机关系中完成组织工作的人际和意志行为。包括自愿完

[①] Murphy K R, Cleveland J N .Performance Appraisal: An Organizational Perspective. Boston: Allyn & Bacon, 1991: 227-245.

[②] Campbell J P, McCloy R A, Oppler S H, et al. A Theory of Performance. In M. J. Schmit, W.C.Borman (Eds.) Personnel Selection in Organizations. San Francisco: Jossey-Bass, 1993: 35-70.

成职务要求之外的任务、坚持以格外的热情完成自己的任务、对他人合作和帮助、遵循组织规程以及接纳、支持和保护组织目标五个方面内容。情境绩效的核心原理是将个体置于一系列模拟的工作情境中,通过观察他们在这些情境中的表现来评估其绩效水平。这些情境可以是真实的工作场景,也可以是虚拟的模拟环境。在这些情境中,个体需要展现出他们在工作中所需的关键技能、知识和行为,评估者会根据观察和记录的数据来评估个体的绩效水平。

任务绩效是相对一员工所担当的工作而言的,即按照其工作性质,员工完成工作的结果或履行职务的结果。任务绩效旨在评估员工在完成工作任务时所展现的能力、成果和质量。它侧重于考察员工在实际工作中所取得的成就和表现,通过评估任务的完成情况来衡量个体或团队的绩效水平。任务绩效方法具有明确的目标和评估标准,能够客观地评估员工在完成具体任务时的能力和表现。任务绩效的核心原理是将员工的绩效与任务完成情况相联系。在任务绩效评估中,先制定明确的工作任务和目标,明确任务的内容、期限和质量要求。然后,根据任务的完成情况,评估员工在完成任务过程中能力、工作质量、效率和创新等方面的表现。

范斯科特(2000)进一步提出任务绩效是直接包含在生产产品和服务中的行为方式,或间接支撑组织核心技术工艺的行动。情境绩效是指支撑员工心理和完成任务活动的社会情境的行为方式。[1]

(2)适应性绩效。奥尔沃思和赫斯基思在1997年提出有必要在任务及情境绩效的基础上增加关注员工应对变化的适应性绩效。[2]后来赫斯基思和尼尔在1999年正式定义了适应性绩效的概念,认为适应性绩效主要是指员工表现出的应对变化的行为。[3]

2000年,普雷克斯等人对适应性绩效概念进行了新的发展,它不仅对任

---

[1] Van Scotter J, Motowidlo S J, Cross T C. Effects of Task Performance and Contextual Performance on Systemic Rewards. Journal of Applied Psychology, 2000, 85 (4): 526.

[2] Hesketh B, Allworth E. Adaptive Performance: Updating the Criterion to Cope with Change. Second Australian Industrial and Organizational Psychology Conference.Melbourne: 1997.

[3] Hesketh B, Neal A. Technology and Performance. In D.R.Ilgen, E.D.Pulakos (Eds.), The Changing Mature of Performance: Implications for Staffing Motivation and Development. San Francisco: Jossey-Bass, 1999: 21-55.

务绩效与关系绩效都增加了适应性的新要求,而且有它自身的内容,主要是对人的适应能力进行研究。适应性绩效是指当工作要求和条件发生变化时,个体在一个任务上的学习能够有效地迁移到另一个任务上的行为,迁移后的行为产生的绩效即为适应性绩效。适应性能力包括八个维度:①处理紧急和危急情境;②处理工作压力;③创造性地解决问题;④处理不确定性和不可预测的工作情境;⑤学习新工作任务、技术和程序;⑥表现出人际适应性;⑦表现出文化适应性;⑧表现出身体条件的适应性。不同类型的工作可以取不同适应性绩效的维度来说明个体的适应性绩效水平。[①] 维斯瓦拉和约翰逊等提出适应性绩效是员工面对环境、事件或新的职业的改变而调整其行为的熟练程度。

适应性绩效是一种评估员工适应和应对变化的能力和表现的绩效评估方法,侧重于评估员工在面对变化时所展现的灵活性、创新性和学习能力等方面的表现。适应性绩效的核心原则是将员工的绩效与其适应和应对变化的能力相联系。

(3)学习绩效。莫尼和伦敦(2004)构建了一个表示持续学习的关键环境、个体因素和组织因素及相互之间关系的学习绩效模型。他们同时还提出学习绩效结构应该包括参与学习意愿、学习效率、获得新的技能和绩效的提升等。[②] 学习绩效评估旨在评估员工在学习过程中的积极性、学习成果和知识应用能力,以便为员工提供员工发展和组织发展的指导和支持。持续学习纳入绩效结构当中,意味着组织对员工通过学习进而提升工作能力价值的认同,学习能力也是一种高绩效的预测指标。在知识经济快速发展的今天,创新是组织保持竞争优势、实现持续繁荣的不竭动力,员工的创造力和主观能动性是一种更重要的竞争资源。创新素养也就被纳入绩效的结构范围了。从一般资料综合分析,创新绩效是指在个体水平上产生的新颖的、同时又是切实可行的,对组织有价值的产品、过程、方法或思想。创新绩效的结构维度

---

① Pulakos E D, Arad S, Donovan M A, et al. Adaptability in the Workplace: Development of a Taxonomy of Adaptive Performance. Journal of Applied Psychology, 2000, 85 (4): 612.

② London M, Mone E M, Scott J C. Performance Management and Assessment: Methods for Improved Rater Accuracy and Employee Goal Setting. Human Resource Management, 2004, 43 (4): 319–336.

一般包括创新愿望、创新行动、创新成果和成果应用四个方面。

（三）绩效概念的重构

绩效在不同时期、不同类型的组织中有不同的含义。有关绩效的概念莫衷一是，正如韩翼（2006）所言，由于各个流派的文献错综复杂，想要穷尽其中的每一个流派几乎是不可能的。[①] 布卢姆布里奇（1988）将绩效定义为：绩效是指行为和结果。行为即员工开展的工作，结果即员工开展工作所得到的成效。根据该定义，可将绩效定义为：一定时期内，组织及其成员围绕工作目标，实施工作行为，产生的工作结果及其产生的客观影响。员工的绩效具体表现为完成工作的数量、质量、成本费用以及为组织作出的其他贡献等。

（四）绩效的本质

绩效的本质是通过对个体、团队或组织的工作成果和表现进行评估和衡量，以反映其达成目标、完成任务和取得成就的程度，从而达到组织或员工对工作或活动的要求。绩效不仅仅是对工作结果的简单量化，还涉及工作过程中所展现的能力、责任、贡献和潜力等方面的评估。

从管理学的角度看，绩效是组织期望的结果，是组织为实现其目标而展现在不同层面上的有效输出，它包括员工绩效与组织绩效两个方面。组织绩效建立在员工绩效实现的基础上，但员工绩效的实现并不一定保证组织是有绩效的。如果组织的绩效按一定的逻辑关系被分解到每一个工作岗位以及每一位员工，只要每一位员工都达到了组织的要求，组织的绩效就实现了。但是，组织的战略失误可能造成员工实现绩效目标而组织绩效失败。

从经济学的角度看，绩效与薪酬是员工和组织之间的对等承诺关系，绩效是员工对组织的承诺，而薪酬是组织对员工所做出的承诺。员工进入组织，必须对组织所要求的绩效做出承诺，这是进入组织的前提条件。当员工完成了它对组织的承诺的时候，组织就实现其对员工的承诺。这种对等承诺关系的本质，体现了等价交换的原则，而这一原则正是市场经济运行的基本

---

① 韩翼、廖建桥：《组织成员绩效结构理论研究述评述》，载《管理科学学报》2006年第4期。

规则。

从社会的角度看，绩效意味着每一个社会成员按照社会分工所确定的角色承担他的那一份职责。他的生存权利是由其他人的绩效保证的，而他的绩效又保障其他人的生存权利。因此，出色地完成他的绩效是他作为社会一员的义务，他受雇于社会就必须回馈社会。

二、绩效考核的内涵释义

（一）绩效考核的概念

绩效考核又称绩效评估、绩效考评、绩效评价，是根据管理的需要，应用各种科学的定性与定量方法，对员工的工作结果及影响员工工作结果的行为、表现和素质特征所进行的全面、系统、科学的测量、分析、评估、沟通和传递过程，以便对其工作质量和效率进行评价和奖惩的一种管理方法。

绩效考核在组织管理中具有重要的作用和意义。它可以帮助组织发现问题和不足，促进个体和团队的进步和发展，提高工作的质量和效率。同时，绩效考核也是激励和奖励的一种手段，能够激发个体和团队的积极性和动力，推动组织的整体绩效提升，最终实现组织的战略目标。

（二）绩效考核的内涵

绩效考核是从组织的目标出发，运用一套系统和一贯的制度性规范、程序和方法对员工的工作进行的考核，并使考核结果与其他人力资源管理职能相结合，推动目标实现。绩效考核是对员工日常工作中所表现的能力、态度和业绩进行以事实为依据的评价。

（三）绩效考核的特征

尽管每个组织的绩效考核系统可能有所不同，但是所有有效的绩效考核都有一些共同的特征，包括目标的明确性、评估的公正性、反馈的及时性、过程的动态性和持续性、结果的应用性。

1. 目标的明确性

绩效考核的目标清晰具体，用以指导员工的工作行为，提高他们的工作效率。这些目标与组织的战略和目标紧密相关，同时也考虑到员工的能力和需求。

2.评估的公正性

绩效考核的评估公正公平，基于事实和证据而不是主观的感觉或者偏见。评估过程公正和透明，包括数据的收集、分析、评估以及反馈和沟通过程均是公开公正和透明的。

3.反馈的及时性

绩效考核的反馈及时有效，可以帮助员工改进他们的工作表现。绩效考核含有有效反馈和及时沟通系统，能够让员工有机会得到及时反馈，从而提出问题、分享想法及参与决策等。

4.过程的动态性和持续性

绩效考核是一个持续和动态的过程。绩效考核常常定期进行，根据新的数据和信息来更新评估标准和目标，并及时调整决策。

5.结果的应用性

绩效考核的结果可以用来驱动决策，包括奖励和惩罚的决策、人才发展的决策以及组织改进的决策。绩效考核应含有战略视角，以确保绩效考核的结果可以被用来支持组织的长期目标和战略。

（四）绩效考核的目的

20世纪初，组织出于管理和控制的需要，迫切需要一种有效的工具来评估员工绩效，于是信度和效度得到优化的"绩效考核"就此诞生。绩效考核最初被设计用来进行管理和控制员工，并为激励、转岗、解聘、薪酬决策提供依据。

道格拉斯·麦格雷戈在其著作《企业的人性面》中指出绩效考核为企业指导员工发展提供了一个基础，并且将"目标管理"视为起点，这种管理关注员工规划，帮助员工把员工职业目标与企业目标和需求相关联。[1]

道格拉斯·麦格雷戈在1960年首次提出绩效考核目的的三种类型，即管

---

[1] McGregor D. The Human Side of Enterprise. New York：McGraw—Hill, 1960：105.

理目的、信息目的、激励目的。管理目的是指组织将绩效考核的结果用于薪酬决策、晋升、转岗、解聘等人事活动；信息目的是指组织通过绩效考核为员工提供绩效的相关信息，使员工了解自身的优势和劣势；激励目的是指组织通过绩效考核激发员工的潜能，提升工作积极性。[1]

1965年赫伯特、伊曼纽尔等在《绩效考核中的角色分离》中提出，绩效考核体系构建的目的主要有两个，一个是为薪酬调整提供依据，另一个是为管理者提供机会帮助下属进行绩效反馈和讨论需要改进的地方。组织可以把绩效考核作为晋升决策和指导员工发展的双重工具，前者专注于员工之间的绩效比较，后者则专注于员工自身的绩效评估。然而，在实际的绩效反馈过程中，这两种目的经常交织在一起，员工难以平和地接受上级反馈并将其用于改进自身的绩效。因此，这两种绩效考核的目的应当分离，在绩效反馈时不应考虑薪酬和晋升等因素。[2]

胡贝尔（1983）认为绩效考核的目的包括三类：一是评估，即绩效考核不仅帮助组织作出人事决策，而且可以作为员工绩效比较的客观基础；二是发展，即提升组织成员的能力，使其具有更高的生产率和有效性；三是员工保护，即通过对即时绩效和期望绩效进行记录，防止上级和下级之间对绩效产生误解。[3]

克利夫兰等（1989）认为，绩效考核的目的是指员工感知到的组织使用绩效考核工具的最终目的，并且在同一个组织中绩效考核体系存在多种目的，这些目的经常联合使用，并非简单的替代关系。具体来看，这些绩效考核目的可以分为四类，即人际评估、自身评估、系统维护、文件管理。[4] 博斯韦尔等（2000）认为，绩效考核目的包括评估目的与发展目的两类。评估目的是指将绩效考核用于薪酬管理、晋升决策、留职/解聘决策、个体绩效

---

[1] McGregor D. The Human Side of Enterprise. New York: McGraw—Hill, 1960: 105.
[2] Meyer H H, Kay E, French J R P. Split Roles in Performance Appraisal. Harvard Business Review, 1965, 43（1）: 123—129.
[3] Huber V L. An Analysis of Performance Appraisal Practices in the Public Sector: A Review and Recommendations. Public Personnel Management, 1983, 12（3）: 258—267.
[4] Cleveland J N, Murphy K R, Williams R E. Multiple Uses of Performance Appraisal: Prevalence and Correlates. Journal of Applied Psychology, 1989, 74（1）: 130—135.

识别、裁员和不良绩效识别，这与上述人际评估目的类似；发展目的是指绩效考核用于员工培训需求识别、绩效反馈、换岗和派遣决策、个体的优劣势识别，这与上述自身评估目的类似。组织中的绩效考核体系并不局限于一种目的，并且这些多重目的往往是联合并存的，并不是简单的非此即彼的替代关系。①

总体上看，尽管学者对绩效考核目的的认识存在差异，但一般更关注绩效考核的评估和发展目的。评估式绩效考核着眼于对被考核者的判断，通过对被考核者的绩效表现进行历史性的回顾和分析，将它与预先确定的目标或职位说明书上的操作性条款进行比较后作出判断；发展式绩效考核是在确定被考核者的发展需求后，着眼于被考核者未来的绩效表现，它试图去识别被考核者可以改进的知识和技能，达到开发被考核者潜能的目的。②

一般而言，绩效考核的主要目的是管理和提升员工的工作表现，以提高整个组织的效率和效果。

首先是设定目标。绩效考核可以帮助组织设定明确和具体的工作目标，这些目标与组织的战略和目标紧密相关，同时也考虑到员工的能力和需求，从而指导员工的工作行为，提高他们的工作效率。

其次是提供反馈。绩效考核可以为员工提供及时的和具有针对性的反馈，帮助他们理解他们的工作表现，找出存在的问题，以及制定改进的策略。这不仅可以提高员工的工作效果，而且可以提高他们的学习和发展能力。

再次是激励员工。绩效考核可以通过奖励和承认员工的优秀表现，包括金钱奖励、晋升机会、公开表扬，以及其他形式的奖励和承认来激励他们的工作积极性和投入度。

又次是发展人才。绩效考核可以帮助组织识别员工的强项和弱点、提供培训和发展机会，以及制订职业发展计划，提升他们的技能和能力，以满足

---

① Boswell W R, Boudreau J W. Employee Satisfaction with Performance Appraisals and Appraisers: The Role of Perceived Appraisal Use. Human Resource Development Quarterly, 2000, 11 (3): 283 – 299.

② 赵君、廖建桥、文鹏：《绩效考核目的的维度与影响效果》，载《中南财经政法大学学报》2013年第1期。

组织的长期需求。

最后是提高工作满意度。有效的绩效考核可以提高员工的工作满意度和投入度。当员工明确知道他们的工作职责，得到及时和有用的反馈，得到公正和有意义的奖励，以及有机会学习和发展时，他们通常会对工作更加满意和投入。

绩效考核有许多重要的目的和益处，然而要实现这些目的，需要一套有效和公正的绩效考核系统，以及一个持续和动态的绩效考核过程。

（五）绩效考核的作用

绩效考核的作用主要体现在评估与发展两个方面，具体表现为以下四点。

1. 为员工培训提供依据

员工培训是人力资源开发的基本手段，但要使培训发挥应有的作用必须要有针对性，即应针对员工的薄弱环节，使他们能够获得急需的知识和技能。而要了解员工的优势和劣势，就必须通过对员工的绩效考核来获得，同时，培训的效果也需要通过绩效考核来判定。

2. 为员工奖励提供依据

在工作结束后，根据完成工作的情况奖励员工，是激发员工积极性和满足员工需要的必要手段。但是，奖励是否合理，则必须要有绩效考核的结果作为依据。

3. 为员工激励提供依据

在绩效考核的过程中，员工可以看到自己的优点与成绩，坚定信心。同时，也可以看到自己的缺点与不足，从而明确努力的方向，以便在未来的工作中可以做得更好。

4. 为管理沟通提供途径

反馈沟通是绩效考核的一个重要环节，它是指考核者和被考核者面对面地对考核结果进行讨论，并指出其优点、缺点和需要改进的地方。反馈沟通为考核双方提供了正式沟通的机会，利用这个机会，考核者可以及时了解被考核者的实际工作状况及其深层次的原因，被考核者也可以了解考核者的管理思想和计划,从而促进双方的相互了解和信任,提高管理效率。

(六)绩效考核的分类

绩效考核大致分为四种基本类型,即业绩考核、能力考核、态度考核和行为考核。

1. 业绩考核

业绩考核主要用于评估员工在工作中所取得的成果和业务绩效。它关注员工在完成工作任务和达成工作目标方面的表现,通过定量和定性的指标来衡量员工的工作成果和绩效水平。业绩考核还包括绩效目标的设定和绩效管理的过程。绩效目标的设定为设定员工理解并接受的可衡量和可实现的明确目标;绩效管理的过程涉及绩效监测、反馈和改进。

业绩考核在组织中具有关键的作用。首先,它能够促使员工关注和追求组织的核心业务目标,帮助组织实现战略目标和业务增长。通过明确的绩效指标和目标,员工可以对自己的工作进行定向和调整,以提高工作效率和绩效水平。其次,业绩考核有助于激发员工的积极性和动力。通过设定挑战性的绩效目标,员工可以感受到自己工作的重要性和影响力,从而增强工作动力和责任感。同时,及时的绩效反馈和认可也能够鼓励员工积极工作,提高工作表现。此外,业绩考核还为员工发展提供了指导和机会。通过绩效评估,员工可以了解自己的工作优势和改进的方向,从而有针对性地制订员工发展计划和职业目标。同时,组织可以根据绩效评估的结果,为员工提供培训、发展和晋升的机会,促进员工的职业成长和提升。

2. 能力考核

能力考核关注员工在工作中所展现出的能力和技能水平。能力考核旨在评估员工在具体工作中所需要的技术、知识和技能,并确定员工在这些方面的能力表现。能力考核包括能力发展和提升的过程。通过能力考核,员工可以了解自己在不同能力维度上的优势和不足,明确自身发展的方向和需求。组织可以基于评估结果,为员工提供相关的培训、发展和学习机会,帮助员工不断提升和发展自己的能力。在能力考核中,通常会根据工作岗位的要求和职责,确定相关的能力维度和指标。这些能力维度可能包括专业知识、沟通能力、问题解决能力、团队合作能力、领导能力等。通过对这些能力维度进行评估，可以客观地了解员工在不同方面的能力水平，从而为员工的发展和职业规划提供指导和支持。

能力考核在组织中具有重要的作用。首先，它可以帮助组织识别和选拔具备适当能力的人才，确保岗位的合适性和工作的高效性。通过对员工能力的评估，组织可以更好地匹配人才和岗位需求，提高工作的匹配度和员工的工作满意度。其次，能力考核有助于员工的职业发展和成长。通过了解自己在不同能力维度上的表现，员工可以有针对性地进行能力提升和发展计划。最后，能力考核的结果也可以作为晋升、薪酬和职业发展的参考依据，为员工提供晋升和成长的机会，促进组织和员工的共同发展。

3. 态度考核

态度考核涉及员工在工作中所展现出的态度、价值观和工作态度。态度考核旨在评估员工对工作的积极性、责任心、合作精神以及与他人的沟通和互动方式等方面的表现。态度考核包括对员工的态度发展和改进的过程。通过态度考核，员工可以了解自己在工作态度和价值观方面的优势和改进点，进一步提升自己的工作态度和职业素养。同时，组织也可以通过态度评估结果，为员工提供相关的培训、指导和支持，帮助员工提高自己的工作态度和职业能力。在态度考核中，通常会关注员工在工作中展现的积极态度、团队合作精神、自我驱动能力、灵活性、敬业精神以及对工作任务和组织目标的认同程度等方面。这些方面反映了员工的工作态度、情绪管理能力、人际关系处理能力以及对工作的投入程度。

态度考核在组织中具有积极的作用。首先，它可以帮助组织评估员工对工作的态度和投入程度，以及其对组织价值观的认同程度。这有助于组织了解员工对工作的真实态度和动力，以及员工与组织的匹配程度。其次，态度考核可以促进员工的工作满意度和情感投入。当员工感受到组织对其工作态度的认可和重视时，他们更有动力和积极性去投入工作，表现出更好的工作绩效。最后，态度考核可以提供员工发展和成长的方向。通过了解员工在态度方面的表现，组织可以为员工提供相关的培训、发展和指导，帮助员工改进和提升自己的工作态度和职业素养，从而实现员工和组织的共同发展。

4.行为考核

行为考核涉及员工在工作中所展现的行为和行动方式，旨在评估员工在工作中的行为表现、工作方法和与他人的互动方式等方面的表现。在行为考核中，通常会关注员工在工作中展现的工作方法、决策能力、问题解决能力、团队合作能力、沟通技巧、时间管理能力、职业操守等方面。这些方面反映了员工在工作中的行为方式、工作风格以及与他人的协作能力。行为考核还包括对员工的行为发展和改进的过程。通过行为考核，员工可以了解自己在工作行为方面的优势和改进点，进一步提升自己的工作方法和行为表现。同时，组织也可以通过行为评估结果，为员工提供相关的培训、指导和支持，帮助员工改进自己的工作行为和职业能力。

行为考核在组织中具有积极的作用。首先，可以帮助组织评估员工在工作中的行为表现和工作方法的效果。这有助于组织了解员工在工作中采取的行动是否符合组织的期望，以及员工在工作中的执行能力。其次，行为考核可以促进员工的发展和职业成长。当员工了解自己在行为方面的表现和改进点时，他们可以有针对性地提升自己的工作方法、决策能力和沟通技巧，从而更好地适应工作环境和职业发展要求。最后，行为考核可以提供员工与组织之间的有效沟通和反馈机制。通过行为评估结果，组织可以与员工进行定期的绩效沟通和交流，讨论员工的行为表现和发展方向，共同制订改进计划，从而增强员工与组织之间的合作和共同发展。

第四章

高校辅导员绩效考核内涵释义

高校辅导员在学校教育体系中扮演着重要的角色，他们以立德树人为宗旨，致力于学生的思想引领、心理健康、职业规划和全面发展。将绩效考核引入高校辅导员管理工作，从辅导员的工作目标和高校的管理目标出发，对辅导员这一群体的工作情况进行全面考核，并将考核的结果与人事管理相结合，以促进辅导员队伍的高质量发展。

一、高校辅导员绩效考核的概念

高校辅导员绩效考核是指考核主体根据高校辅导员绩效考核体系指标，采取科学的绩效考核方法，客观公平地开展绩效考核，评估辅导员的工作任务完成情况、评估辅导员在工作中展示出来的能力和素质，将评定结果反馈给辅导员，并与辅导员展开沟通，促进辅导员全面发展的过程。以考核结果为客观依据，实现辅导员的薪酬分配、岗位变动和高质量发展。

二、高校辅导员绩效考核的目的

首先，评估辅导员的工作绩效。通过绩效考核，学校可以客观地评估辅导员在思想政治教育、日常管理、心理健康教育、就业指导等方面的表现。这有助于了解辅导员在职责范围内的成果和贡献，判断其工作能力和专业水平。通过评估工作绩效，学校可以对辅导员的工作进行量化和定性的分析，为学校提供有针对性的发展计划和资源分配，从而提升辅导员工作的质量和效果。

其次，识别辅导员的优点和不足。通过绩效考核的过程，学校可以发现辅导员在工作方法、工作思路、团队合作等方面的优点和突出表现。这些优点可以成为其他辅导员学习的榜样，也可以作为学校表彰和奖励的依据。同时，绩效考核也能揭示辅导员存在的改进空间和不足之处。通过发现不足，学校可以提供相应的培训和支持，帮助辅导员提升自己的能力，达到更高的工作水平。

再次，为辅导员提供专业指导和支持。绩效考核反馈过程中，学校会给予辅导员具体的反馈和建议。这些反馈和建议可以涉及辅导员在工作中的不足之处，提供改进的方向和方法。学校可以通过提供培训、研讨会、专业指导等方式，帮助辅导员进一步提升专业能力，增强工作效果。绩效考核反馈的目的是让辅导员深入了解自己的工作情况，明确发展方向，增强专业自觉性和发展动力。

又次，激励和奖励辅导员的优秀表现。通过绩效考核，学校可以发现表现优秀的辅导员，鼓励他们继续保持并改进他们的工作。学校可以通过表彰、奖金、晋升等方式，给予他们适当的激励和奖励，以激发他们的工作热情和积极性。这不仅可以提升辅导员的工作动力，还能够为其他辅导员树立榜样，形成良好的工作氛围和文化。

最后，促进辅导员自身和队伍的发展。通过绩效考核，学校可以了解辅导员的职业发展需求和员工发展意愿。学校可以根据辅导员的意愿和发展目标，提供相应的职业规划和发展机会，帮助他们实现员工职业目标。同时，学校也可以根据绩效考核结果，对辅导员的工作岗位和职责进行优化和调整，提高组织的工作效能和学生服务质量。

总的来说，高校辅导员绩效考核的目的是多方面的，这一过程对于提升辅导员工作质量、提高学生服务水平、推动整个高校教育体系的发展具有重要意义。通过绩效考核，辅导员可以不断改进自身能力和工作方法，提供更加优质和有效的支持和指导，为学生的成长和发展贡献更大的力量。

三、高校辅导员绩效考核的意义

（一）绩效考核是辅导员任用的依据

知人善用，用人的前提是知人。首先要判断辅导员的基本情况，是否德才兼备，对辅导员工作有何认知，自身有何优势和劣势，根据这些信息，可以初步判断是否适合辅导员工作。绩效考核是任用辅导员的重要依据。通过绩效考核，客观充分地评估辅导员的水平和态度，全面评价辅导员的工作能力和工作效果。也就是说，绩效考核是"知人"的主要手段，是任用辅导员的前提和基础，知人方可善用。

（二）绩效考核是辅导员职务升降和调配的依据

辅导员职务的升降必须要有客观的标准，不能凭上级的喜好轻率决定，否则会带来极大的不公平，因此，客观公正的绩效考核非常必要。在客观公正的绩效考核基础上，以绩效考核结果为客观依据，对辅导员的工作表现和能力进行评估，如果认为部分辅导员的工作表现、工作能力和工作态度达到了上一级职位的要求，可以晋升辅导员职位；如果发现部分辅导员的工作表现、工作能力和态度已经达不到现在职位的基本需求，则可降低其职位；如果发现部分辅导员的能力、素质或者兴趣与其他岗位更匹配，则可进行横向交流，将其调整到更适合的岗位。通过绩效考核，能够充分实现知人善用，提高人职匹配的程度，让合适的人做合适的工作，促进辅导员高质量发展。

（三）绩效考核是辅导员培训的依据

培训是人力资源管理的重要内容，对辅导员展开培训是提升辅导员能力和素质的重要手段。而准确地了解辅导员的素质和能力、优势和劣势、知识结构和水平、工作和生活需求，进行充分的培训需求分析，培训才能有针对性，才能针对辅导员的不足和需求进行补充学习和训练。绩效考核是开展培训需求分析的基础，通过绩效考核，全面充分地了解辅导员的情况，从而有针对性地开展培训，获得事半功倍的效果。

（四）绩效考核是辅导员薪酬分配的依据

按劳分配是最基本的薪酬分配原则。目前，很多组织采用的是浮动工资制，将员工的工资分为两部分，一部分是固定工资，一部分是浮动工资。大多数高校也采用的是岗位薪点工资制，如每月只发工资的80%，剩下的20%则作为绩效，经绩效考核合格者，方可发放剩下的20%绩效工资。辅导员经绩效考核合格者，全额发放浮动工资，年度绩效考核不合格者，则可能会扣除浮动工资。因此，绩效考核是辅导员薪酬分配的主要依据，这不仅是按劳分配原则的充分体现，也是薪酬分配公平原则的充分体现，且以此能充分提高辅导员工作的积极性和主动性，提升工作效果。

（五）绩效考核是辅导员职业生涯发展的需要

职业生涯管理即是帮助辅导员树立职业生涯目标、制订职业生涯计划、提供职业生涯发展帮助，职业生涯管理对促进辅导员发展具有重要的意义。辅导员轮换岗位或者晋升岗位等级，就需要对辅导员进行考察，看其素质和能力是否满足新岗位和高层次的要求，而辅导员绩效考核则是最科学合理的手段。通过绩效考核，能让辅导员认识到新的岗位或更高等级的岗位与自身所具备的优势和不足，明白自身能力和素质与新的岗位或职级的要求之间的差距。通过持续的绩效考核，辅导员能够发现自己在不同阶段、不同时期的优势和不足，从而不断加强优势，弥补不足，并对自己的能力、水平和兴趣有明确的认知，找准自己的发展方向。促使辅导员不断提高自身的能力和水平，最终实现辅导员职业生涯的全面发展。

（六）绩效考核是对辅导员进行激励的手段

人力资源管理的基本原则即是奖励和惩罚，它们同时也是激励的主要内容。奖励和惩罚不能随意做出，必须做到奖罚分明，有根有据。因此，科学合理、客观公正的绩效考核，是展开辅导员激励的主要依据。根据绩效考核结果，确定奖惩对象和奖惩等级。例如，如果辅导员的年度绩效考核为优秀，可以优先获得评奖评优的机会，并可以参与适当职位的竞争；如果年度绩效考核不合格，则可以转出辅导员岗位或者再进行上岗培训。绩效考核本身就是激励发展的一种手段，通过绩效考核，可以肯定成绩、建立优势、着重发展；通过绩效考核，还可以发现不足、纠正错误、找出差距、明确努力方向，促进进步；通过绩效考核，能够促使辅导员有目标、有方向、有激情、有前途，从而保持昂扬的工作热情，将辅导员工作完成得更为出色。

(七)绩效考核是辅导员平等竞争的前提

在一个组织内,有竞争才有活力,有竞争才有提升和进步。但是,竞争要在公平、公正的环境内展开,才能达到良性竞争的效果。竞争也要有科学的根据,否则就会陷入主观主义的误区,可能会以上级的喜好为依据,失去良性竞争的环境。因此,辅导员之间开展平等竞争,应当以绩效考核结果为依据,为辅导员搭建良好的竞争平台,实现人才的合理流动以及达到人职匹配的最佳效果,提高辅导员工作的绩效,让辅导员得到全面发展的同时,也提升了辅导员队伍的整体实力,提升了高校育人的水平。

(八)绩效考核为高校与辅导员之间建起一座沟通的桥梁

在工作过程中,人们都比较关心自己在平时工作中的表现,了解上级对自己的评价,从而为自己寻求努力的方向,在工作中获得更多的满足感。公正、合理的绩效考核能够为辅导员提供考核信息,使他们对自己的工作能力和成果有一个正确的定位,并帮助他们找到自身的不足,改正错误。同时,绩效考核中的沟通环节,为高校与辅导员之间搭建了对话的桥梁。这不仅有利于辅导员未来的发展,同时也消除了学校和辅导员之间的隔阂,为学校未来的长远发展创造良好条件,实现共同发展的双赢目标。而且在绩效考核过程中,辅导员也有权参与,大大提升了辅导员的积极性。

第五章

高校辅导员绩效考核历史溯源

绩效考核是考核主体对被考核者工作情况进行定量与定性评估的过程。绩效考核存在于古今中外的各种管理体制当中。

一、国内绩效考核历史溯源

我国早在三皇五帝时期，就有了绩效考核的雏形。《尚书·尧典》中"纳于大麓，烈风骤雨弗迷"就是指尧对舜进行考核，检验其是否能担当重任。帝舜每3年对官吏考核1次，3次考核的结果决定官吏的升降和处罚，没有政绩或者出现失误和犯错误的就要受到免职或更加严厉的惩罚。在帝舜的严格管理下，各级官吏工作努力，争先恐后地建功立业。应该说帝舜是我国历史上第一个建立官吏考核和能上能下管理机制的人。

我国古代历朝历代都对官吏进行了全面的管理，统治者深知官吏的好坏与政权的稳定与否直接相关，所以，在对官吏的管理上不仅有从上至下的监察体系，还有自上而下的考课制度。考课即考察官吏的政绩和功过，也称考绩、考核、考查，与今天的绩效考核类似。考课制度就是中国古代封建统治者对官吏的绩效考核制度，即是将官吏的工作能力与职位职责相联系，设立目标，制定考绩的标准，官吏对照标准开展工作。官吏在规定时间内接受考核，并根据考课的结果来决定对官员的赏罚黜陟，调动官吏工作的积极性，使考绩得以发挥作用。

唐代初期制定了考课法。在唐代，官吏的考课结果直接关系到职位的升降，伴随着职位的升降带来俸禄的增加与减少。同时，考课结果还能决定官位的升迁、解职等。在宋代，统治者并不重视考课，官吏基本按年资论升迁，业绩方面的内容反而常常被忽视。即如宋人所说："限年而校功，循阶而进秩。"于是，论资排辈实际上左右了官员的晋升结果，既导致了人才的积压，也造成了大量庸官的存在，所谓"不问其功而问其久"，"官以资则庸人并进"。官吏的绩效考核制度在宋代没有得到很好的运用和发展。明代沿袭了官吏的考课制度，即绩效考核制度，并进行了细化，考绩分文武两个系统进行。在清代，清朝政府进一步发展了官吏的考察标准。民国时期对政府人员开展考核，并在民国二十年后逐步形成完善的考核制度。新中国成立后，国家非常注重对干部的考核，往往通过年度鉴定的形式进行，对干部在年度内的德、能、勤、绩、廉表现进行全面的考核。

二、国外绩效考核历史溯源

国外的绩效考核，可溯源到英国的文官制度。英国在实行文官制度的初期，文官的晋级主要考察年限，任职到一定年限方可晋级，导致文官队伍人数众多但工作效率不高。1855年，帕麦斯顿政府决定成立文官制度委员会，颁布了录用王国文官的第一个正式法令，通过功绩来选拔和晋升人才，也称为"功绩制"。该制度考核官员的工作能力和成绩，并将考核结果作为官员晋升的依据。"功绩制"通过对文官进行考核，并根据考核结果实现文官的升迁和奖惩。"功绩制"让文官群体看到了发展的机遇和希望，激发了文官的工作积极性，大大提高了政府的行政效率。英国文官考核制度的成功实行成为其他国家借鉴的先进经验。美国于1887年正式建立了文官考核制度——"功绩制"，强调文官的选拔、任用和晋级，均以"功绩"为依据。美国以公务员的工作实绩作为主要考核内容，根据考核结果决定公务员的奖惩和晋升。

三、高校辅导员绩效考核历史溯源

鉴于绩效考核的科学性和可操作性，19世纪末20世纪初，国外学校引入绩效考核制度，主要用于教师考核。此间，首次出现了"教师评价"这一概念，标志着教师绩效评价制度的正式形成。20世纪20年代中期以后，美国、英国等国家开始正式实施教师绩效考核评价。而国外的"辅导员"，以美国为例，通常称为学生事务管理者，对其考核评价体系主要借鉴教师的绩效考核体系。国外对教师绩效考核的目的主要是帮助高校教师明确学校总体任务和教师本人的工作任务及职责,并促使教师自我发展,主流形式为发展性评价模式。教师绩效考核主体多元化,包括自我评价、同事评价、学生评价、主管部门评价等,力求多渠道多方面获得有关教师工作和发展的信息,对教师的工作得出科学合理的考核结论。在绩效考核过程中,把有关信息及时反馈给教师,促进教师自我反思,促使考核双方共同探讨发现的问题及改进措施,并展望未来发展。与教师同等考核的学生事务管理者,即"辅导员",也将"辅导员"发展与绩效考核相结合,通过绩效考核帮助"辅导员"改进工作,提高工作能力和效率,以期实现工作效率的提高和自身能力的发展。

我国高校辅导员绩效考核,明确见于2000年7月3日中共教育部党组印发的《关于进一步加强高等学校学生思想政治工作队伍建设的若干意见》,该意见明文要求"各高等学校要进一步建立健全和完善学生思想政治工作人员的管理考核制度,加强对学生思想政治工作人员的日常管理、严格考核。考核结果要与职务聘任、奖惩、晋级挂钩"。这是第一次赋予辅导员绩效考核体系的指导性文件,明确了高校辅导员绩效考核的方向。

2005年1月,教育部出台了《关于加强和改进高等学校辅导员、班主任队伍建设的意见》,该文件强调辅导员、班主任是高等学校教师队伍的重要组成部分,对辅导员的政策待遇、选拔、培训、管理、考核作出了明确的规定。要求定期对辅导员、班主任进行工作考核。考核结果要与职务聘任、奖惩、晋级等挂钩。

2006年9月,《普通高等学校辅导员队伍建设规定》(教育部令第24号)出台,24号令要求各高等学校要制定辅导员工作考核的具体办法,健全辅导员队伍的考核体系,考核结果要与辅导员的职务聘任、奖惩、晋级等挂钩。

2014年,《高等学校辅导员职业能力标准(暂行)》出台,系统地确定了高校辅导员能力标准和工作范畴,也为辅导员考核提供了具体的指标。

2017年8月31日,《普通高等学校辅导员队伍建设规定》(教育部令第43号)经教育部2017年第32次部长办公会议修订通过。43号令在辅导员配备与选聘、培训与发展、管理与考核等多方面深化改革,强调要根据辅导员职业能力标准制定辅导员考核办法。

2020年10月13日，中共中央、国务院印发了《深化新时代教育评价改革总体方案》，方案指出要改革教师评价，推进践行教书育人使命。强化一线学生工作，完善高校党政管理干部选拔任用机制，原则上应有思政课教师、辅导员或班主任等学生工作经历；高校青年教师晋升高一级职称，至少须有一年担任辅导员、班主任等学生工作经历。

高校辅导员绩效考核是强化辅导员管理、提升辅导员工作质量、促进辅导员全面发展的重要手段。高校应当结合辅导员工作职责、职业能力标准、工作特点，制定体系周密、指标合理、易于操作的辅导员绩效考核制度，绩效考核与绩效管理紧密结合起来，形成客观公正、科学合理的辅导员评价体系，增强辅导员对本职工作的认同感、责任感，增强其获得感，激发其成就感，为辅导员职业化、专业化、专家化高质量发展打下良好基础。

第六章

高校辅导员绩效考核现状——以西南某高校为例

新时代，各高校充分重视辅导员队伍建设和发展状况，通过制定辅导员考核办法，建立健全辅导员绩效考核体系，促进了辅导员队伍建设和职业化专业化发展，提升了大学生思想政治教育质量。本章通过访谈方式，对西南某高校辅导员绩效考核现状进行了调研。

一、西南某高校辅导员绩效考核情况调研

（一）调研对象

西南某高校专职辅导员。在全校 15 个学院中，每个学院选取过半数的辅导员进行调查。本次调研共计访谈 62 名辅导员，其中男性辅导员 12 名，女性辅导员 50 名。从事辅导员工作 20 年以上的 2 名，10 年以上 20 年以下的辅导员 30 名，3 年以上 10 年以下的辅导员 30 名。

（二）调研方法

以面对面访谈为调研方法，对西南某高校专职辅导员展开访谈，设计访谈提纲如下：

（1）您认为当前学校辅导员绩效考核有哪些不足？

（2）您认为辅导员应当由哪些主体来考核？

（3）您认为辅导员绩效考核中，是否应当对参评学生比例有硬性要求？

（4）您认为辅导员绩效考核中，各个考核主体权重如何分配？

（5）您对学校辅导员绩效考核还有哪些建议？

(三) 调研结果

1. 受访者人口学特征分析

根据2023年数据统计，该校辅导员共计125名，其中，男性辅导员19名，女性辅导员106名。女性辅导员占辅导员总人数的84.8%，性别比例严重失调；2018年至2022年，学校不断充实辅导员队伍，涌入大量新鲜血液，也让辅导员队伍的年龄结构发生了改变，更趋于年轻化，辅导员年龄集中在25岁到45岁之间；辅导员学历全部为研究生，以硕士研究生为主，还有少量博士研究生，辅导员学历普遍符合要求；80%以上的辅导员所学专业不属于思想政治教育、心理学或者教育学，专业背景多样化；辅导员队伍整体职称较低，集中在助理研究员或讲师两大类，极个别辅导员走职级路线且职级较高。

2. 受访者认为该校辅导员绩效考核存在的不足

（1）重考核不重管理。受访者认为该校辅导员绩效考核乃为考核而考核，将考核作为一个单纯的任务来完成。没有将绩效考核与绩效管理结合起来，没有达到通过绩效考核实现辅导员绩效管理的目的。

（2）激励个人主义。该校的辅导员绩效考核的主要作用就是评选出优秀的辅导员。而绩效考核在本质上是一个激励机制，不仅激励辅导员个人，也要激励辅导员团队和集体，从而提升整个队伍的能力和素质。该校当前辅导员绩效考核只关注个人业绩，忽视团队业绩，导向有偏离。

（3）不考核支持人员。辅导员绩效考核只单向考核辅导员，不考核诸如管理、人事、财务、服务等与辅导员业务相关的支持人员。

（4）考核主体不合理。辅导员绩效考核部分部门，如后勤、教务等对辅导员接触较少且对辅导员工作了解不充分，这些部门成为辅导员考核主体不具有合理性。

（5）考核过程不公开。各考核主体对辅导员考核的分数秘而不宣，辅导员无从了解自己在哪个环节得分较低，从而无法改进。

（6）缺乏沟通环节。考核结束之后，只是简单反馈一个分数给辅导员，不会跟辅导员开展考核沟通。辅导员在绩效考核中，没有机会了解自己的不足,没有人指导下一步发展方向。

3. 受访者对该校辅导员绩效考核的建议

(1)管理和考核并重。辅导员绩效考核的目的不仅是在辅导员群体中划分出优秀、合格、不合格等级,而是为了更好地管理辅导员,应当考核和管理并重。

(2)激励个人和团队并行。辅导员绩效考核,不仅激励辅导员个人,也应当激励团队。通过个人和团队的共同激励,提升整体积极性。

(3)辅导员和支持人员双向考核。辅导员接受相关人员的考核,与辅导员工作相关的支持人员也要接受辅导员的考核,让考核更具有公平性。同时,也能促进辅导员和支持人员在工作中的互相理解和互相支持,提高整体工作水平。

(4)合理确定考核主体。与辅导员工作紧密联系的部门和人员方可成为辅导员绩效考核的主体。学生、主管学生工作的领导、学生处、团委等与辅导员工作密切相关的部门和人员,可以成为辅导员绩效考核的主体。其他与辅导员工作没有直接联系的部门,不应当成为常规考核主体。

(5)考核过程公开透明。辅导员绩效考核过程应当要公开,辅导员应该知道各个考核主体给自己所评的分数。

(6)加强考核沟通。辅导员绩效考核结束之后,应当与辅导员逐一谈话,肯定优势,找出不足,制定目标,帮助辅导员进步和发展。

二、西南某高校辅导员绩效考核情况分析

(一)西南某高校辅导员绩效考核实施现状

西南某高校于2014年印发了辅导员年度考核办法,并制定了辅导员年度考核指标体系。西南某高校辅导员绩效考核在每年的12月份开展,由辅导员自评、学生考评、学院考评、学校相关部门考评四个环节组成。

西南某高校辅导员绩效考核包括自我评价、所带学生评价、学院评价和学校评价四个部分。辅导员绩效考核,首先进行自我评价,要求辅导员总结过去一年里的工作情况,提交工作典型案例、员工和所负责学生集体获奖情

况、参加培训及开展科研情况，结合学校、学院工作目标及相关评估选项进行自我评价，并将总结报告提供给学生工作部（处）。其次，组织辅导员所带学生对辅导员进行评分，根据考核标准给出分数，开展定量调查，并要求参加调查的学生人数不少于辅导员带生量的90%，以了解学生对辅导员工作的意见。再次，学院考评环节，由学院主管学生工作领导结合日常表现对辅导员开展考评。最后，学校相关职能部门对辅导员一年以来的工作进行考评，由党委学工部、教务处、保卫处、校团委等相关部门对辅导员的工作根据指标进行评分，以此来考核评价辅导员工作状况。考核指标体系见表6-1。

表6-1 西南某高校辅导员年度考核指标体系（2014）

一级指标	二级指标	基本观测点
一、职业素质（25分）	1.1（5分）政治素质	努力学习政治理论，不断提高政治素质，言行上能自觉与学校党委决策精神保持一致，具有良好的政治鉴别力
	1.2（5分）道德素质	为人师表，师德高尚，富有人格魅力；爱岗敬业，以身作则，诚实守信；公道正派，具有奉献精神；热爱学生，努力成为学生的知心朋友和人生导师
	1.3（5分）业务素质	主动学习和掌握大学生思想政治教育方面的理论与方法，不断提高工作技能和水平，注重工作研究
	1.4（5分）制度建设	制定较为规范完善的年级规章制度、办事流程和工作规范并遵照执行
	1.5（5分）团队协作	具有较强团队意识，注重与学院其他学生工作者的沟通与协作，推动学院学生工作的整体发展与队伍凝聚力的提升
二、思想政治教育（20分）	2.1（5分）日常思想政治教育	关注学生学习和生活，开展形式多样的日常思想政治教育活动；深入学生实际，经常开展谈心活动，每学年至少同每个学生谈心一次；经常与学生家长及任课教师保持联系，了解学生的思想动态
	2.2（5分）网络思想政治教育	利用微信、微博等新兴方式与学生沟通、交流；掌握网上思想政治教育工作的主动权，灵活利用网络等新技术手段

续表

一级指标	二级指标	基本观测点
	2.3（5分）专题教育	遵循大学生思想政治教育规律，组织开展新生入学教育、国防教育、诚信教育、毕业生教育等各种专题教育；积极参与第一、第二课堂的教育教学工作
	2.4（5分）学风建设	重视学风建设，经常深入教学楼，积极开展班级优良学风创建活动；开展考风考纪教育，所带班集体考风考纪良好；注重学生创新能力培养，指导学生开展课外科技活动；配合专业教师做好学生学业指导工作
三、学生组织建设（15分）	3.1（5分）党团组织建设	做好学生党建工作，指导学生党支部做好入党积极分子培养教育；严格按照标准和程序发展学生党员，做好党员的教育和管理工作；定期召开组织生活会，做好学生党员组织关系转接工作；指导团组织开展校园文化、科技创新、志愿者服务和社会实践等活动
	3.2（5分）集体建设	班级建设有目标、有计划，每学期至少召开三次有特色的主题班会；注重对学生骨干的培养，经常召开学生干部会议，引导学生自我教育、自我管理、自我服务；所带年级或学生个人获各类奖项及荣誉称号较多
	3.3（5分）生活园区建设	深入学生宿舍，开展宿舍文明、卫生、安全等方面的教育活动；积极推进生活园区文化建设，将育人工作融入到学生生活园区的管理与服务之中
四、学生事务管理（20分）	4.1（5分）帮困育人工作	熟悉并及时传达政府和学校的帮困政策，国家助学贷款等各项帮困措施落实到位；对困难学生的认定做到真实、细致、无遗漏；准确掌握困难学生的家庭经济基本情况和变化情况，关心经济困难学生的身心健康；重视帮困育人工作，积极开展感恩、诚信、自强等教育活动
	4.2（5分）职业发展教育	根据不同年级学生需求和特点开展职业发展教育，指导学生进行职业生涯规划；毕业班辅导员及时传达各项就业政策、提供就业信息、开展就业指导，帮助学生树立正确的职业观和择业观

续表

一级指标	二级指标	基本观测点
	4.3（5分）心理健康指导	掌握大学生心理健康教育的基本常识，多渠道、多形式开展心理健康教育及生命教育；配合学校心理健康教育机构做好大学生的个体咨询及团体辅导，及时做好学生的转介工作
	4.4（5分）学生奖励和惩处工作	坚持公开、公平、公正的原则，做好学生综合考评、奖学金评定、各级各类先进集体和个人的推荐审核等工作；申报材料准确无误、上报及时，先进推荐投诉率低；协助学校相关部门做好学籍管理及违纪学生的处理工作，依法保障学生的合法权益
五、维护校园稳定（10分）	5.1（5分）日常安全稳定工作	经常开展安全与稳定教育；了解和掌握学生思想政治状况，及时有效地化解和处置涉及学生的有关矛盾和问题；熟悉学校安全稳定工作的相关规定
	5.2（5分）突发事件处理	熟悉学校应对和处置各类突发事件的预案；学生发生突发事件及时到位并妥善处理；对敏感时期的学生安全与稳定工作能预先防范；协助学校相关部门做好各类突发事件的预防和疏导工作
六、创新特色（10分）	6.1（5分）创新工作	具有创新意识，善于创新学生思想政治教育工作理念、方法与手段，成效显著
	6.2（5分）特色工作	能结合学生工作的特点，积极整合资源，形成具有一定社会影响和可推广性的特色工作项目和机制

注：来源于西南某高校辅导员考核办法。

（二）西南某高校辅导员绩效考核存在的问题

通过访谈发现，西南某高校辅导员绩效考核实施以来，效果并不理想。辅导员的认同度和满意度都比较低，对辅导员工作的实际促进作用不大，并没有发挥出绩效考核应有的积极意义，主要存在以下几个方面的问题。

1. 辅导员绩效考核认同度和满意度不高

在学校现行的考核制度下，以学生的评分为基础，结合学生工作部门、教务处、保卫处等职能部门评分，确定最终分数并得出考核结果。在实际操作中，学生进入系统后的评分并不公布，各职能部门由何人评分、评分多少也不向辅导员公布。辅导员只是单纯拿到一个分数，而对这个分数的科学性、合理性往往持有怀疑态度。在这样的考核体系下，辅导员只是被动接受考核，考核过程和考核结果并不能对辅导员起到鼓励和激励的作用，只是为考核而考核，辅导员认同度和满意度较低。

2. 辅导员绩效考核目的和导向不明确

学校在制定辅导员绩效考核办法时，往往没有明确的考核目标，为考核而考核，而忽视了绩效考核的最终目的和导向是让辅导员以绩效考核为工作导向，达到在绩效考核的过程中提高工作绩效的目的，实现组织和员工双赢。学校制定的辅导员考核指标体系，指标往往比较笼统和含糊，很难反映出辅导员工作的全部内容和效果，且主观随意性较大。参与主体、权重分配没有经过科学分析和充分调研，使得考核结果无法真实客观反映辅导员实际工作效果。

3. 辅导员绩效考核结果反馈和沟通不充分

在绩效考核中，考核结果要及时反馈给辅导员，同时要对绩效考核结果进行沟通。考核结果之后的反馈和沟通是非常重要的环节，充分重视绩效考核的反馈和沟通，才能真正体现绩效管理的效果和作用。但在现实操作中，往往只注重考核结果，对反馈和沟通缺乏足够的重视，辅导员只是被告知一个考核结果，并不了解绩效考核之下的自身工作优劣，更无从改进。

4. 辅导员绩效考核结果运用不合理

辅导员绩效考核的重要环节就是考核结果的合理运用。一方面，通过向辅导员反馈考核结果，让其对自己的工作有一个全面客观的了解，肯定优势，认识不足，找到自己在组织中的位置，进而在以后的工作中加以改进。另一方面，则是管理者要将辅导员考核的结果充分运用，如在辅导员评优评先、晋升、职称评定等重大事项的决策过程中要将考核结果结合起来统筹考虑，这将有利于最大限度地发挥考核结果的效能。但是，当前辅导员绩效考核中普遍存在重考核过程、轻结果运用的现象。辅导员绩效考核结果与辅导员的工资福利、职位升降、评优评先和培训进修机会等与辅导员发展相关的切身事项并不直接挂钩,从而使辅导员绩效考核工作的有效性和权威性大打折扣,最终敷衍了事,起不到实际效果,反而浪费了资源。

三、组织公平感视角下高校辅导员绩效考核满意度缺失成因分析

（一）组织公平感内涵释义

1. 组织公平感的概念

组织公平感是指员工对组织的制度、决策和行为感到公正和公平的程度。它涉及员工对待遇、奖励、晋升机会、决策程序等方面的判断,是组织中维系员工满意度和工作积极性的重要因素之一。组织公平感的概念最早由亚当斯在1965年提出的公平理论中引入,他认为人们会通过比较自己的投入与产出来评判是否受到公平对待。一个具有高度公平感的组织可以帮助员工建立信任,提高工作满意度和工作绩效,促进员工的忠诚度和组织的稳定性。因此,组织应该重视和关注员工的公平感,采取措施来提高组织公平感。

2. 组织公平感的维度

组织公平感可划分为两个层面：第一层面为组织公平的客观状态,是指组织可以通过不断地改善和发展各种组织制度,建立相应的程序和措施来达到组织公平,包括分配公平和程序公平两个维度。第二层面为组织公平感,即组织中的成员对组织公平的主观感受。组织公平感可以划分为多个维度,目前对于维度划分还没有形成统一的观点,比较成熟的是三维度划分,即划分为分配公平感、程序公平感和互动公平感。分配公平感关注的是资源和奖励的分配是否公正,即员工是否获得与其贡献相称的回报。程序公平感强调的是决策过程是否公正,包括参与决策的机会、信息透明度、决策程序的合理性等。互动公平感则关注组织成员之间的相互关系是否公正和尊重,包括上级与下级之间、同事之间以及组织与员工之间的交往和沟通方式。

（1）分配公平感。分配公平感是指员工对组织报酬的分配结果是否公平的感受。美国心理学家亚当斯提出了著名的公平理论。他强调,员工的公平

感主要来自于对报酬数量的公平性的感受，员工总是将产出（即从组织得到的回报）与自己对组织的投入（包括员工拥有的技能、努力、教育、培训、经验等因素）的比例，与他人的产出和投入比例进行对比。当比例不相等时，就会产生不公平感。这种不公平感会使个体经历紧张或焦虑的心理状态，进而寻求解决方法以求公平重建。这些重建手段包括心理上的和行为上的，如改变自己的投入、改变他人的产出、重新认知自己的投入和产出、对他人采取行动（如改变或重新认知他人的投入和产出，或迫使他人离开）、改变比较对象或选择离开。高校辅导员绩效考核公平感的分配公平感是对考核结果的感知，主要体现为报酬的分配感知。

（2）程序公平感。程序公平感指的是在对考核结果的过程中感知到的公平感。绩效考核程序公平感包含三个基本的因素：充分的解释、公平的倾听及基于证据的判断。充分的解释包括对于考核标准和目标的充分解释，以及绩效考核的完整信息和重要性解释。还需要在整个绩效考核期间给予持续的支持和及时的反馈，以便员工能够在考核真正执行之前改正绩效偏差。公平的倾听即是一个双向的沟通过程，员工可以参与其中做出贡献，或者说是在考核决策的整个过程中可以得到各方面的"声音"。员工在考核过程中有两种不同的影响策略，一种是注意力聚焦在其上级身上，例如采用努力逢迎的策略，一种是注意力聚焦在工作上，例如努力去改变绩效数据。采用聚焦上级策略的与其程序公平感有明显的正向关系，而采用聚焦工作策略的员工则与程序公平感呈现反向关系。基于证据的判断即是基于证据的绩效考核带来更多的程序公平感。绩效考核取决于行为证据能够经得起审查，能够摒弃外部压力、员工偏见和不诚实。

（3）互动公平感。互动公平感是公平理论的一种，是指人与人之间在互动交往的过程中对于公平的感受，不仅包括结果的公平也包括在交往、沟通过程中受到的尊重。互动公平感由贝斯和莫格提出，认为人们不但重视分配结果与分配过程的公平程度，而且也十分关注他人对自己的态度和方式。员工描述的不少不公平事例都与人际交往方式有关，交往过程中如果人们觉得他人对自己不够友好和不尊重，就会感到十分不公平。这是因为人们会根据他人对待自己的公平程度评估自己在团队中的价值，在团队中享有较高的地位和价值公平地传递了个体在组织中的地位和在群体中的价值，因此人们非常在乎得到权威的公平对待。①互动公平感包括信息沟通公平感（在进行信息沟通时是否给予当事人公平的信息和其合法的权利）及人际交往公平感（是否考虑到对方的尊严和是否尊重对方等）。

（二）组织公平感视角下高校辅导员绩效考核满意度缺失的表现

1.分配公平感低

辅导员在高校这个组织中承担一定责任，并希望在学校中得到两种预期结果，即与付出相平衡的报酬（或社会地位）以及与他人一致的付出报酬比例（或社会地位）。根据此理论，辅导员希望根据自己对学校的投入量获得相应的回报，会对自己与他人的投入收益比率相比较，获得对分配结果的公平感受。如果发现自己的收益低于投入，或者投入收益比率低于他人，就会产生不公平感。高校辅导员工作任务繁重，工作压力大，但是相应的待遇又低，付出与回报不平衡。当感受到自己的收益低于投入时，会采取一系列措施，例如要求学校增加自己的收入或减少被比较者的收入，或者减少自己的付出，后者无疑会对高校教育事业产生消极影响。

2.程序公平感弱

高校在制定辅导员绩效考核体系时，大部分院校都由少数人决策，辅导员没有机会参与。由于缺少参与权，就很容易出现绩效考核体系不贴近辅导员实际需要，有些指标制定得甚至不切实际。在考核过程中，也没有实现公平公开，导致公正性受到质疑，辅导员往往觉得自己可能在这不透明的绩效考核体系中受到了不公平的对待。

3.互动公平感差

高校辅导员在高校中地位较低，很难在学校工作中接收到充分的信息或者有机会参与提出意见、参与决策，因而时常会对未来感到迷茫，产生消极情绪。高校辅导员也常被定义为"保姆"，学生对辅导员缺乏足够的尊重；上级基于行政作风和工作压力，一般不会跟辅导员平等沟通，高校辅导员互动公平感受差。

---

① 俞文钊、苏永华：《管理心理学》，东北财经大学出版社2015年版，第130页。

（三）组织公平感视角下高校辅导员绩效考核满意度缺失的原因

1. 评价标准的不公平

在高校辅导员绩效考核中，评价标准的不公平是导致满意度缺失的重要原因之一。首先，评价标准的制定可能存在主观性和不确定性，导致辅导员无法清楚了解哪些方面会被重点评价，以及如何达到预期标准。这种不确定性会给辅导员带来压力和困惑，降低他们对绩效评价的满意度。其次，评价标准的公平性可能受到人为因素的影响，例如主管的员工偏好或内部政治。如果评价标准偏向于某些员工或特定团体，那些不符合这些偏好的辅导员可能会感到不公平。这种主观性和偏好性的存在会破坏辅导员对绩效评价的信任，降低他们的满意度。最后，评价标准的制定过程中可能存在信息不对等的情况。如果辅导员对评价标准的制定过程和依据了解不足，他们将很难理解为什么某些标准被采纳，或者为什么自己的表现不符合标准。这种信息不对等会使辅导员感到评价标准的制定缺乏透明度和公正性，从而降低满意度。

2. 评价过程的不透明

除了评价标准的不公平，评价过程的不透明也是导致满意度缺失的重要原因之一。辅导员对评价过程的透明度缺乏信任和理解，会使他们对绩效考核的满意度降低。评价过程的不透明涉及决策的不透明和信息的不公开。首先，辅导员无法准确了解评价过程中的决策者是谁，以及他们是如何进行评价的。这种不透明性会使辅导员感到无法预测和掌控自己的绩效评价，增加他们对评价过程的不安和不满。其次，信息的不公开也会导致评价过程的不透明。如果评价过程中的信息和数据没有及时和充分地向辅导员披露，他们将无法了解自己在哪些方面表现得好或不好，也无法对自己的绩效进行有效的改进和调整。这种信息的不公开会削弱辅导员对评价过程的信任，降低满意度。

3. 信息传递的不及时

信息传递的不及时是导致高校辅导员满意度缺失的另一个重要原因。辅导员对于评价结果和反馈的及时性和准确性有着较高的期望，如果信息传递存在延迟或不准确的情况，会导致满意度降低。首先，评价结果的及时传递是辅导员对绩效评价满意度的重要因素之一。辅导员希望能够及时了解自己的评价结果，以便根据反馈进行自我调整和提升。如果评价结果的传递存在延迟，辅导员将无法及时知道自己的绩效表现，无法做出相应的改进和调整，从而影响满意度。其次，评价反馈的准确性对辅导员的满意度也具有重要影响。辅导员希望获得准确、详细的反馈，以便了解自己的优势和改进的方向。如果评价反馈不准确或模糊，辅导员将无法了解自己的表现和需要改进的地方，从而降低满意度。

4.组织文化与价值观的影响

组织文化和价值观的影响是导致高校辅导员满意度缺失的另一个重要因素。组织文化和价值观对辅导员的工作体验和认同感具有重要影响，如果组织文化和价值观与辅导员的期望和价值观不匹配，会降低满意度。首先，如果组织文化鼓励竞争、功利主义和个人主义，而不重视合作、共享和人本主义，辅导员可能感到无法融入组织，缺乏归属感和认同感。这种不匹配的组织文化会降低辅导员对组织的满意度，并对工作动力和绩效产生负面影响。其次，组织价值观对辅导员的满意度也具有重要影响。如果组织价值观与辅导员的个人价值观不一致，辅导员可能会感到道德困境和认同危机。辅导员希望工作在一个积极、公正、人本的环境中，如果组织的价值观与这些期望不符，将会降低满意度。

综上所述，评价标准的不公平、评价过程的不透明、信息传递的不及时以及组织文化与价值观的影响都是导致高校辅导员满意度缺失的重要原因。高校应该采取相应的措施，如确立公正合理的评价标准、建立透明的评价过程、提供及时准确的信息反馈以及塑造积极合作的组织文化，以提高辅导员的满意度和工作质量。只有这样，辅导员才能更好地发挥作用，为高校的发展做出积极贡献。

第七章

高校辅导员绩效考核比较研究

一、美国高校学生事务管理者评估

美国高校没有单独设立辅导员岗位，但其庞大的学生事务管理队伍覆盖了学生教育、管理、服务的各个方面。美国高校学生事务管理源于18世纪大学的兴起。20世纪30年代，美国高校学生事务工作基本形成体系，之后的大半个世纪随着社会的变革，学生事务工作体系不断发展和完善。目前的学生事务工作体系涵盖了大学教育的全过程，工作内容包括校园安全、职业指导、学习困难学生指导、学生经济资助、学费管理、注册管理、团队建设、领袖培养、校外生服务、残疾学生服务、新生服务、族群学生事务、女生服务、国际学生事务、志愿者服务、学生惩戒、性问题以及相关的校友会、家校联系、健康教育。美国高校有几百个学生事务管理学科博士学位授予点，学校学生事务工作大多实行垂直式的扁平化管理，机构健全。美国高校学生事务评估办公室、评估专业协会依据美国高等教育标准促进委员会（Council for the Advancement of Standards in Higher Education，CAS）标准，采用定性与定量相结合的方法，遵循提出问题、拟定评估指标体系、信息分析、得出结论、提出建议等步骤，组织、支持专家、学生、公众、同事等评估主体，对学生事务管理的机构、活动和人员进行评估。美国对学生事务管理者的评估理念在于为学生提供更好的服务。

（一）评估的组织者

美国高校学生事务管理评估的组织者主要有以下两类。

1.高校学生事务评估办公室

美国许多高校拥有自己的学生事务评估办公室,如德克萨斯大学奥斯汀分校设立的机构认证和项目评估办公室(The Office of Institutional Accreditation and Program Assessment)、佛罗里达州立大学设立的学生事务研究与评估办公室(Student Affairs Office of Research and Assessment)等学生事务评估办公室。近些年来,为更好地促进学生事务管理者的专业化发展,高校内出现了新的、带有较强评估性质的非校方组织。

2.高校学生事务管理评估专业协会

自20世纪30年代以来,美国成立了与高校学生事务管理及评估密切相关的协会,如高等教育学生人事协会理事会(The Council of Student Personnel Associations in Higher Education,CSPAHE)、高等教育标准促进会(Council for the Advancement of Standards in Higher Education,CAS)、全国学生人事管理者协会(National Association of Student Personnel Administrators,NASPA)、全国大学健康评估(National College Health Assessment,NCHA)等。专业协会制定学生事务管理评估的专业标准,并依据此标准培训那些有志于从事高校学生事务管理的工作人员;同时,专业协会还直接从事高校学生事务管理评估工作,行使着中介机构的职能。[①]

(二)评估的主体

美国高校学生事务管理的评估过程是开放式的,其评估主体多元,包括学生事务管理评估专业协会、校外专家、学生、公众、校内同事等。除专业协会外,其他评估主体常依据项目成立评估小组,通过调查、访谈等方式进行评估。

1.学生事务管理评估专业协会

学生事务管理评估专业协会除了承担学生事务管理评估的组织者角色外,还从专业化的角度对高校学生事务管理进行全面的综合评估,因此它还是高校学生事务管理评估的主体。专业协会一般会严格依据评估标准和步骤开展评估,并对自己的评估结果负责。在实践中,其评估结论具有更大的社

---

① 余桂红:《美国高校学生事务管理评估透视》,载《比较教育研究》2013年第1期。

会影响力。

2. 校外专家

校外专家是学生事务管理评估的重要主体，尤其是对高校全年度或更长一段时间的学生事务管理整体情况进行评估时，专家评估更为重要。专家必须是学生事务领域内公认的取得一定成果、有一定影响力的专业人员。在评估过程中，专家必须坚持专业性和公正性。

3. 学生

学生要对管理机构、管理人员所提供的学生事务服务质量进行评估。学生直接参与事务管理的服务过程，对事务管理的服务质量有着最为直接的感知。因此，学生所提供的质量信息常是事务管理评估的重要依据。学生评估的重点是学生事务管理的满意度，这在美国极其普遍。学生需要填写关于事务管理方面的调查问卷，甚至主持事务管理的评估会议，且参与评估后的反馈、整改等活动。

4. 公众

在美国，一部分公众常因其子女或亲属即将就读或正在就读某所高校而直接参与学生事务管理评估，且在参与评估的内在动力和相应的权利要求方面更为强烈；一部分公众不直接参与对学生事务管理的评估，但他们通常会参与评估机构的绩效评估，且绩效评估多限于对服务质量满意度的定性判断上。

5. 校内同事

评估者与评估对象都是从事学生事务的管理人员，彼此较为了解，所以评估比较深入，专业性强，评估结果有较高的信度和效度。尽管如此，高校学生事务管理评估中，与其他几个评估主体相比，目前校内同事评估较少使用。

（三）评估的内容

美国高校学生事务管理评估主要包含机构评估、人员评估和活动评估三个方面。①

---

① 储祖旺：《高校学生事务管理教程》，科学出版社2008年版，第251页。

1.机构评估

机构评估是指对美国高校学生事务管理部门进行评估和审查的一种机制。这些机构通常是独立的第三方组织，由专业人员组成，他们对学生事务管理部门的运作和服务进行全面的评估，以确定其效果和质量。

机构评估一般着重强调软件评估，如部门职责与使命、计划制订与验证、机构整体事务能力评估等内容。

（1）使命评估。使命评估旨在确定高校学生事务管理部门的使命是否清晰明确，是否与高校学生事务管理的核心价值和目标相一致，并且是否能够有效地实施和达到预期的结果。美国高校学生事务管理部门是针对学生以往出现或者正在出现事务的原则设置的，因此部门众多，每个部门的事务具体而繁杂。正因为如此，在注重部门自身职责的同时强调其使命的一致性非常重要。部门使命一致性包括两方面的意义：一是部门的使命必须直接与大学和学生事务系统的使命保持一致；二是学生事务系统的使命必须与大学使命保持一致。

（2）计划评估。美国高校学生事务管理部门一般都要制订年度计划，计划通过若干项目来实现。下一年度依据此计划年度结果进行评估，依据评估情况决定计划是否继续实施。评估美国高校学生事务管理机构的年度计划涵盖以下几个方面：一是目标达成情况。评估高校学生事务管理部门是否达到了设定的年度目标。这些目标包括学生参与度的提高、学生满意度的提升、学生领导力的培养等。二是资源利用情况。评估高校学生事务管理部门在年度计划中使用的人力资源、财务资源、设施资源等是否合理、高效。三是项目实施情况。评估高校学生事务管理部门在年度计划中列出的各项具体项目是否按计划实施。

（3）事务整体评估。这方面评估主要体现在学生事务系统对学校负责的层面上。主管学生事务的副校长在一定期限内需要向校长或者学校董事会报告学生事务系统整体工作业绩情况，同时也要及时对某些具体的学生事务，如迎新工作、心理咨询、学籍管理、学生就业等情况进行整体评估，并检测学生事务系统各部门是否存在失职的情况。

2. 人员评估

（1）评估目的。在美国，比较公认的观念认为，人员评估应以形成性目的为主，即学生事务人员评估的目的在于改进，而不在于证明。多数学者认为，与其将评估者有限的精力花费在鉴别少数优秀或者不胜任的人员身上，倒不如将其用在帮助大多数人员的发展上。也就是说人员评估的主要目的不是给少数人员贴上"优秀"或者"不合格"的标签，而是通过合理的评估，为其提供管理上的意见或反馈，帮助其清楚地了解自己的优点和不足，促进自我反思，协助其改进工作，实现持续的专业发展。

（2）评估内容。20世纪70年代中期，美国高等教育界就将学生事务人员界定为促进学生发展的教育工作者。高等教育标准促进会（CAS）对高校学生事务人员的特征及能力进行了具体界定，要求他们具备广泛的知识和专业能力，具备领导和管理能力，能够为学生提供个性化的支持和指导，具备多元文化和包容性的意识和能力，以及持续学习和专业发展的意识。

在2009年，大学学生教育国际协会（ACPA）和高等教育学生事务管理者协会（NASPA）合作，建立了一套适用于高校学生事务管理者的专业能力领域。专业能力和标准联合工作组由两个协会的代表组成，分析了ACPA、NASPA和高等教育标准促进委员会（CAS）所制定的19个核心文件，然后提出了包括10个能力领域的框架，经过多次修订，形成了以2016年《ACPA/NASPA专业胜任力量表》为代表的美国高校学生事务管理者胜任力标准。包含员工和伦理基础（PPF）；价值观、哲学和历史（VPH）；评估、评价和研究（AER）；法律、政策和治理（LPG）；组织和人力资源（OHR）；领导力（LEAD）；社会公正与包容（SJI）；学生学习与发展（SLD）；技术（TECH）；指导和支持（A/S）。这些胜任力标准被作为高校学生事务人员评估的主要内容。

（3）评估方法。可以按照评估者身份和评估资料来源两个标准进行分类，属于前一类型的评估方法包括学生事务人员自评、同行评估、行政人员评估、大学生评估、学生家长评估等，后一种类型的评估方法有观察法、面谈法、测试法、学生学业成绩、学生成就等。在实际工作中多出现几种方法综合使用的情况。

3. 活动评估

活动评估一般是指对具体的活动项目进行评估,如迎新工作、宿舍文化节、艺术表演等的评估。在活动评估中,活动方案的评估占据非常重要的位置。只有在活动方案经过充分论证后才能付诸实施。活动方案依据实施的过程可分为三种评估类型:计划性评估、形成性评估和总结性评估,每一种都有其实施的时期、目的、重点和可用的评估模型。高校学生事务活动评估标准一般包括以下几个方面:活动方案是否反映了学生和学生事务人员的利益;活动方案是否与其他方案矛盾;活动方案是否具有重要性和可行性;活动方案实施的效应与效率产出如何等。

(四)评估的步骤及方法

高校学生事务管理评估常采用以下八个步骤:

步骤一,确定评估目标。明确评估的目的和目标,例如改进学生事务管理、提高学生参与度等。

步骤二,收集背景信息。收集关于学生事务管理的背景信息,包括学生人口统计数据、学生事务部门的组织结构和职责、已实施的政策和程序等。

步骤三,制订评估计划。确定评估的范围、方法和时间表。选择合适的评估方法,例如问卷调查、访谈、焦点小组讨论等。

步骤四,数据收集。根据评估计划收集数据。可以通过问卷调查收集学生满意度和参与度的数据,通过访谈和焦点小组讨论收集学生的意见和建议。

步骤五,数据分析。对收集到的数据进行分析,统计和整理结果。可以使用统计软件或数据分析工具来帮助分析数据。

步骤六,结果报告。根据分析结果撰写评估报告。报告应包括评估目标、方法、结果和建议。报告可以向学生事务部门、学校管理层和其他相关利益相关者进行分享。

步骤七,实施改进措施。根据评估结果提出改进建议,并与学生事务部门一起制定和实施改进措施。这可能涉及改进政策和程序、提供更好的学生支持服务等。

步骤八，跟踪和评估。定期跟踪和评估改进措施的实施效果。可以使用相同的评估方法来比较改进前后的数据，以确定改进的效果。

二、英国高校学生事务管理者评价

英国一流高校都拥有高度"专业化"和"专注度"的学生事务工作队伍。英国高校学生事务专业化主要体现在以下方面：首先是分工的专业化，根据服务对象需求的不同进行科学分类。其次是学生事务工作专业协会的专业化，英国高校学生事务工作的专业协会门类齐全，心理咨询、就业指导、学习指导与学生事务管理等都有全国性行业协会的强力支撑，学生事务工作人员也大多是协会成员。再次是学生事务工作人员的专业化，英国学生事务工作人员都有相应的资格证书，特别注重工作专业流程，学生需按流程预约，工作人员会在特定的时间、场地保质、保量"一对一"地解决学生的问题，并会一一备案。除此之外，对于工作效果不理想或有隐患的工作对象，工作人员会主动回访。最后，专业化还体现在工作人员的工作专注度。英国高校学生事务工作人员职责、权限边界十分明晰，专业人员从事本专业工作，很多学校的高级学生工作人员多年来都是从事某一具体领域的工作，积累了丰富的经验。

此外，导师制是现今英国高校最具特色的学生工作模式。学生导师制发源于牛津大学，在国际上也最负盛名。以牛津大学圣安妮学院为例，本科新生一入校就会分配导师，每位导师会带1～3位学生，导师主要指导学生的学术和学习，也会关心学生的日常状况，如健康、心理等。每位导师在每个学期结束时要给学生写一份综合评价他们学习情况的报告，如果这个学生存在不够努力等问题，导师就会向高级导师汇报，一同探讨如何帮助学生。剑桥大学为每一个本科生提供"一对一"或"一对二"的辅导，并且每周至少要辅导交流两次。①

英国高校普遍对员工开展年度员工发展评价，将员工区分为学术人员和非学术人员两类，实行有区别的绩效考核。主要环节包括：在对过往绩效进

---

① 左殿升、方雷、王新波：《"双一流"建设背景下高校学生事务工作的英国启示》，载《江苏高教》2019年第4期。

行分析的基础上，依据学校和系所的战略规划制定员工绩效目标；管理人员进行持续性的绩效跟踪与记录；开展中期绩效评价和反馈，并以此为依据改进后续工作；在员工自评的基础上进行年度绩效评价。部分高校还依据绩效指标开展系所层面的绩效评价。

英国高校学生事务管理人员已经被纳入高等教育质量保证体系，具有比较完备的评价与监控制度。

（一）评价主体

1. 高校评审委员会

英国高校对于学术人员和非学术人员作出不同层面的评价规定。高级非学术人员（比如学生事务中心主任，以及其分管部门的主要负责人）与学术人员一样，每三年要接受一次工作评估。由至少三个部门以上的四至五个高层管理人员组成的评审委员会对高级非学术人员（学生事务管理者）进行评估。被评审者要以报告的形式详述过去三年的职责和责任，并提出对未来发展的设想和规划，然后提交评审委员会评审。

2. 高校学术人员及行政部门员工

针对高级非学术人员（学生事务管理者）的评价，高校评审委员会将收集40～50位学术人员及行政部门员工的评估意见。

3. 学生

学生的意见在学生事务管理工作中占有非常重要的地位。学生事务管理的每一项工作在进行了一段时间后（一般为一个学期），均会通过各种途径获取学生的反馈信息，也以此作为下一步改进工作的依据。例如，在就业指导中，职业指导中心的工作人员会采用向已毕业的学生邮寄调查问卷、电话询问或提供网上调查问卷的方式，了解学生对就业工作的看法以及自己的工作状况。同时，职业指导中心也会采用诸如免费午餐会的形式邀请学生参加主题讨论会，对就业工作提出意见。

对于导师的评价，由于导师面对的是学科、专业不同的学生，网络在线测评便成了一种主要考核途径。

（二）评价路径

1. 问卷调查

通过问卷调查，了解员工履行职责情况。一般是在每次讲座（课程）之后，组织学生填写专门设计的问卷。同时还经常性地通过问卷调查，了解学生对于相关工作的意见。

2. 汇报总结

英国高校大多采取较为完善的监控制度，分不同层面要求员工进行工作汇报和总结，以期达到自控和他人监督的目的。监控的形式主要以书面报告和口述的方式进行。时间从一个月一次到一年一次不等。每个部门都设有监控负责人，负责自己所监管范围内员工的工作计划执行情况、工作表现、工作效果等。每次的监控总结要求相关负责人、学生和同事共同参加，进行总结考核，考核的内容都纳入员工的评价体系之中。①

3. 网络测评

学生都设有自己的账户，可以根据学校的需要和安排及时登录网站，对相关老师进行网上评价。由于是实名登录，要求学生进行客观评价，这样在很大程度上保证测评的有效和公正。②

（三）评价结果

英国不同高校的绩效结果运用范围和功能各不相同。从范围看，高校普遍将绩效结果与工资、人员聘用、职务和职称晋升等相联系。英国高校学生事务管理人员的考核结果会直接影响到工资水平以及聘用情况。从功能看，绩效结果的运用可以分为"监控"和"支持"两类。前者强调运用绩效信息监控学生事务工作的状况；后者强调在绩效管理中及时发现问题，并提供相应的绩效支持。英国高校普遍强调绩效沟通的重要性，沟通贯穿绩效管理的全过程。多维度、多形式、持续性的沟通在绩效管理中起着决定性的作用。学生事务管理者发展评价中的绩效沟通与反馈有助于澄清目标，判定目标达成度及后续努力的方向。可以说，绩效考核的过程就是多

---

① 李莉：《高校辅导员专业化发展研究》，东南大学出版社2011年版，第123页。
② 冯刚、赵峰：《走进英国高校学生事务管理》，中国人民大学出版社2008年版，第235页。

方持续不断沟通的过程。

三、我国台湾地区高校学生事务工作者考核

我国台湾地区的高校都在校级层面设立学生事务处，作为学生事务管理的执行部门，全面负责学生除学业和课堂以外的全部发展事务。在学生事务处的内部根据工作内容的不同需要，再设立若干子部门，一般设有课外活动组、生活辅导组、职涯发展中心、卫生保健组等，这些子部门作为相对独立的分支机构直接面向学生开展教育管理和咨询服务工作，组织呈单一型，具有扁平化的组织特点。以台湾成功大学为例，其学生事务处组织架构见图7-1。

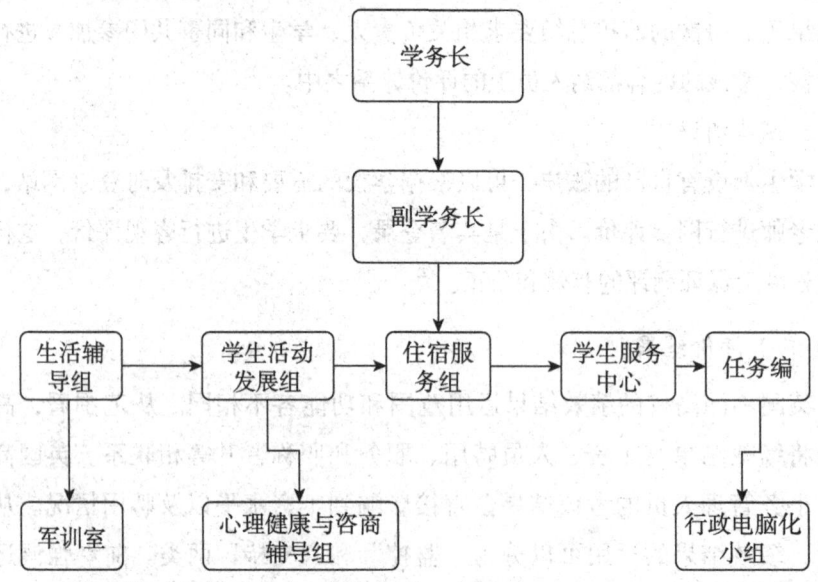

图 7-1 台湾成功大学学生事务处组织架构

注：整理自台湾成功大学网站资料。

我国台湾地区高校在校级层面拥有一支专业化、专家化、职业化的学生事务管理队伍，他们普遍具有硕士以上的学历层次，具备教育学、心理学、运动学、人力资源管理、社会工作等相关领域的专门知识和技能，能为学生提供专业化的服务。专职学生事务工作者的职业归属感和稳定性较强，拥有

良好的敬业精神和奉献精神，乐于并且善于为学生服务。学生事务工作者中也有很多以兼职的角色出现，一种是在校级层面，由有一定专业背景的教授兼任学生事务及相关行政部门的领导职务，其特点是综合素质强、思路眼界宽，资源经验丰富。另一种是在学院层面，由院长或系主任担任学生的学习导师，其他教师担任班级导师，其特点是熟悉专业、熟悉学生。

（一）我国台湾地区高校学生事务工作者考核目的

我国台湾地区高校学生事务工作考核的目的一般包含两个面向：改进导向与绩效导向。前者旨在了解并改进学务工作各组的运作，正视形成性功能的落实；后者则旨在考核及监督学生事务各方面的质量，以了解并掌握学务工作的发展方向与特色。各高校依据上述目的，结合学校自身的办学理念、现有条件与特色，制定符合各校实际的学生事务工作评估规划和目标。

以台湾成功大学为例，其学生事务处自 2002 年度起，为了配合推动执行 ISO 9002 评估学务工作运作成效，了解学生对于学务工作服务项目的需求与使用情形，进一步评估学生事务工作运作的绩效，每年于 11 月至 12 月间实施《学务工作绩效评估计划案》。通过调查学生对于学务处所提供的服务资源的认知度、使用情形与满意度及需求情形，提供学生事务工作改进的建议与参考，并提供学生事务处 ISO 质量目标推动与考核依据。

（二）我国台湾地区高校学生事务工作者考核路径

以在校学生为调查对象，采用自填问卷调查法，以团体测评方式进行。或采用网络问卷方式进行，由同学依意愿自愿上网填答。

被调查学生需要完成两份问卷。一份是《员工资料表》，包括姓名、E-Mail、学号、性别、年龄、学制、学院、参与社团性质、参与社团活动程度、担任干部情形、参与社团时间、平均每周花多少时间在社团活动（含社务工作）上、住宿情形等。另一份为《学务工作绩效评估问卷》，问卷中"认知度"是测量学生是否知道学务处所提供的各项学务服务资源；"使用情形"是测量各项学务服务资源被学生使用的比例；"满意度"是测量曾经使用过学务服务资源的学生的满意程度。学务工作绩效评估问卷依组室（生活辅导组、课外活动指导组、卫生保健组、学生辅导组、生涯发展与就业辅导组、军训室、学务处及侨生辅导组）分为7个部分分别进行调查。每一部分内容各分成三大部分，第一部分是认知度的调查，含有"知道或不知道"两个选项，旨在了解被调查学生是否知道学务处各组室所提供的服务项目内容。第二部分是针对被调查学生对于学务处各组室所提供的学务服务项目的使用情形的调查，含有"不曾使用过"和"使用过"两个选项；还含有满意度的调查，包含"非常不满意、有些不满意、还算满意、很满意、非常满意"五个选项。第三部分是了解被调查学生对于学务服务项目的需求，含有"一点也不需要、有点需要、需要、很需要、极需要"这五个选项。问卷最后，为针对被调查学生对于学务处各组室所提供之各项学务服务项目的感受与看法，共有"完全不同意、有点同意、同意、大部分同意、完全同意"五个选项。

（三）我国台湾地区高校学生事务工作者考核流程

台湾成功大学每年从9月份开始进行规划与准备，于10月底完成网络问卷内容编写与网络问卷系统平台与活动网页的规划与设计。在正式上线之前先进行系统试测，以确认网络填答、问卷资料整理与导出文件无误，以及计算机抽奖系统顺利运作。开放测试时间自11月中旬起至11月底止。

在开始填答各问项之前，被调查者将会看到一份有关此次调查的说明文件，说明文件中先向被调查者说明本调查的目的、调查内容及进行方式等，并说明这项调查虽是采取自愿性，但被调查者所提供的资料对于未来学务工作的改进及策划工作将会有很大的贡献，非常珍贵；且其所提供的资料，仅供研究调查之用，资料使用者将无从知悉每一位填答者的员工身份，让其安心填答；调查结束后，将根据同学们填答的资料做研究分析，且将分析结果公布。于是，让被调查者在了解员工基本资料将会被完全保密的情况下，安心且诚实填答。

此外，还提供咨询窗口（电话和电子邮箱）供被调查学生在遇到状况时可以随时联系工作人员，协助排除相关问题或状况，以保障考核活动顺利开展。

凡是台湾成功大学在读学生皆可上网登录作答，每一位上网作答者，皆须登录其学号与选课密码，经系统验证通过，方可进入网络问卷系统内逐项填答。为避免同一人重复多次作答，对于调查结果有所误差或影响，已设计针对每一个登录学号仅留存最后一次作答的资料。

测评结束后，由系统设计维护者协助整理所有作答资料内容，并导出Excel文件，再以数据统计工具进行相关统计分析。

我国台湾地区高校学生事务工作评估组织建构有序，职责分工明确，配合密切；评估实施程序明了，实施进度适当。通过评估，以期达到强化学务工作软硬件设施，提升行政绩效以及建立各种良好适性的学生事务规章制度，推动全人辅导理念，促进学生整体人格健全发展目标的达成。

第八章
新时代高校辅导员绩效考核的基础要素

一、新时代高校辅导员绩效考核的理论

（一）目标管理理论

目标管理理论（Management By Objectives，MBO）是被称为"现代管理大师"的彼得·德鲁克所提出的理论。彼得·德鲁克认为：企业的发展任务和目的应当要转化为能够客观衡量的目标，这一目标不是企业管理人员自行制定的，而是管理者与员工这一组织群体共同参与制定的，目标的实现者同时也是目标的制定者。目标管理理论旨在通过设定明确的目标和制订相应的行动计划，引导组织和员工朝着预定目标不断努力和进步。它强调将目标与行动相结合，将抽象的愿景转化为可衡量的具体目标，并通过不断跟踪和评估来确保目标的实现。

目标管理理论强调设定明确的目标，明确组织或员工的期望结果和目标方向。通过明确的目标，可以激发组织或员工的动力和积极性，明确工作重点和努力方向。其将目标与行动相结合，目标明确后，可以制订相应的行动计划，并将资源和时间合理分配，有助于组织或员工在工作中做出明智的决策和行动。目标管理理论通过设定共同的目标，团队成员可以共同努力，协调合作，形成团队的凝聚力和合作力，有助于建立良好的团队氛围和合作关系。

目标管理理论鼓励组织或员工设定具有挑战性和激励性的目标，促使其主动探索新的方法和途径，激发创新和进取精神。强调不断跟踪和评估目标

的实现情况,及时发现问题和短板,采取相应的改进措施,提高工作质量和绩效水平。

目标管理理论视角下做好高校辅导员绩效考核,首先要根据高校实际情况,确立辅导员工作总目标,再将总目标细化成各类小目标,小目标之下再确定辅导员的员工目标,利用明确总目标、细化小目标、确立员工目标等方式建立起科学合理的辅导员绩效考核指标体系,通过公平公正地实施绩效考核来评价辅导员的工作效果,并及时反馈考核情况,促进辅导员改进工作,使员工进步和发展。

(二)标杆管理理论

标杆管理理论旨在通过比较和学习先进的、成功的组织或员工的实践经验和绩效水平,为其他组织或员工提供指导和借鉴,以达到改进绩效和提升竞争力的目的。标杆可以是同行业或跨行业的优秀组织,也可以是在特定领域或功能上表现出色的员工或团队。通过研究和借鉴标杆,可以了解和学习到其成功的管理实践、先进的技术应用、创新的思维方式等,从而在自身组织或员工的工作中应用这些经验和方法,实现业绩的提升和改进。

标杆管理理论通过将自身的绩效和实践与标杆进行对比,客观评估自身的优势和不足,找到改进的方向和重点,从而成为激励和激发组织或员工进步的动力,促使其不断追求卓越,达到更高的绩效水平。通过对标杆的学习和借鉴,还可以了解到新的管理理念、技术或工具,标杆的成功经验可以启发创新思维,促使组织或员工寻找新的解决方案和改进方法,提高工作质量和绩效水平。通过与标杆进行比较和竞争,组织或员工会感受到来自外部的压力和挑战,从而激发出更高的动力和努力。同时,标杆也可以成为组织或员工之间的合作伙伴和学习资源,通过分享和交流经验,促进共同成长和提升。

标杆不是一成不变的,随着时代的变迁和新的挑战,标杆也在不断演化和发展。因此,组织或员工需要持续关注和学习最新的标杆实践,及时调整自身的工作方式和方法,以适应变化的环境和需求。

在高校辅导员绩效考核中,应用标杆管理理论可以帮助辅导员了解先进的管理实践和绩效水平,从而提升自身的工作质量和绩效表现,推动整体绩效的提升和发展。

(三)人的全面发展理论

马克思在《1844年经济学哲学手稿》中初步提出人的全面发展理论。在《德意志意识形态》中提出了关于人的全面发展理论。马克思认为,人的全面发展,就是要实现人的体力和智力充分、统一的发展,也包含人的才能、兴趣、志向和科学素质、道德品质的多方面发展。人的全面发展理论强调个体在身体、智力、情感、社交、道德和精神等多个维度上的全面成长,认为这些维度相互关联、相互影响。例如,身体健康对智力发展和情感稳定有积极影响,社交互动对道德发展和精神成长有重要作用。多维度内容共同构成了一个完整的人。因此,全面发展的目标不仅仅是在某一特定领域或技能上取得成功,而是关注人在各个维度上的均衡发展。

人的全面发展的终极目标就是实现自由个性的充分发展。马克思认为教育与生产劳动的结合是实现人的全面发展的唯一途径。人的全面发展与教育密不可分,人的全面发展需要教育的全面发展。与教育相对应的是学习,人们应该持续学习和不断自我发展,以适应不断变化的社会和环境。通过积极主动地学习和发展,人们可以提高自己在各个维度上的能力和素质,人在教育之下获得全面发展。

辅导员绩效考核就是通过绩效考核的方式来实现对辅导员的教育和管理,最终目的是促进辅导员队伍以及辅导员员工的全面发展。秉承马克思关于人的全面发展理论,通过辅导员绩效考核,开展辅导员的奖惩和晋级、进修与培训、职业化发展和专业化建设,进一步提高辅导员员工和辅导员队伍的素质和能力,实现人的全面教育和发展。

(四)双因素理论

双因素理论亦称"激励—保健理论",是由美国心理学家弗雷德里克·赫茨伯格于1959年提出。他把企业中有关因素分为两种,即满意因素和不满意因素。满意因素是指可以使人得到满足和激励的因素。不满意因素是指容易产生意见和消极行为的因素,即保健因素。他认为这两种因素是影响员工绩效的主要因素。保健因素的内容包括组织的政策与管理、监督、工资、同事关系和工作条件等。这些因素都是工作以外的因素,如果满足这些因素,能消除不满情绪,维持原有的工作效率,但不能激励人们更积极的行为。激励因素与工作本身或工作内容有关,包括成就、赞赏、工作本身的意义及挑战性、责任感、晋升、发展等。这些因素如果得到满足,可以使人产生很大的激励,若得不到满足,也不会像保健因素那样产生不满情绪。完善高校辅导员激励管理,其根本就是要在满足辅导员保健因素的基础上,最大限度地增强激励因素,辅导员的满意度,充分调动辅导员工作的积极性和主动性,使其产生一股源源不断的、持久的动力,形成自主提高工作效率的意识和行为。

辅导员作为一支专业化建设的队伍,需要辅导员发挥主观能动性,创造性地开展工作,保健因素的满足可消除辅导员的不满情绪,激励因素的满足可调动辅导员的工作积极性。辅导员由于工作的特殊性,一些教育的隐性工作效果不容易马上显现,如果绩效考核缺乏激励性,就会造成辅导员的工作动机不强、工作成就感不高等现象。所以辅导员的绩效考核需要将激励理论作为支撑,建立有效的激励机制,提高辅导员的工作热情,激发内在潜力,使辅导员的工作绩效达到最佳水平。

(五)需求层次理论

美国心理学家马斯洛提出了著名的"马斯洛需求层次理论",人类的需求可以总体划分为五个层次,即生理需求、安全需求、社会需求、尊重需求、自我实现。在组织中,员工有生存需求,具体表现为薪酬和福利体系是否得到公平的对待;员工相互认可的需求,体现在对公共组织的认同感、归属感;员工成长的需要,体现在公共组织是否能够提供员工自我实现、自我成长的平台。马斯洛需求层次理论在公共人力资源管理中的应用具有激励作用,员工工作绩效的好坏很大程度上取决于激励机制是否健全,方法是否科学,科学有效的激励机制能够充分调动员工的积极性、发挥潜能、提高素质。可以通过物质激励、感情激励、目标激励、文化激励等方式达到公共管理科学化管理的目的。新时代在开展高校辅导员绩效考核的时候,基本的工资福利待遇应该满足辅导员的基本生活需求,在此基础上要健全辅导员的晋升等渠道，使辅导员的能力得到发挥，使辅导员能够全心全意搞好学生工作，能够认同自己的本职工作，能够对职业有归宿感，认同感。最后，要表彰优秀，树立模范，能够让辅导员看到职业的发展方向，最大限度地激发辅导员的工作活力。

（六）领导力理论

领导力是指员工在组织中影响其他成员并指导他们实现共同目标的能力。领导力本质就是建立愿景目标，激发他人的自信心和热情，使自己与团队成员取得成功的能力。领导力理论对组织和员工发展具有重要的意义和实践价值。对于组织而言，了解不同的领导风格和行为有助于提升领导力，培养优秀的领导者，激发员工的潜力和创造力，推动组织的创新和变革。对于员工而言，了解领导力理论可以帮助他们发展领导能力，提升自身的职业发展和员工影响力。同时，领导力理论也提供了指导员工成长和发展的框架，帮助个体在不同角色和环境中发挥领导力。

辅导员在高校中的行政隶属关系不尽相同。有的高校辅导员是直接由学工处（部）来领导的，院系配合开展工作。有的高校辅导员是直接由院系直接管理，学工处（部）协管。不同团队呈现出的工作效果和团队凝聚力有所差别，所以学工领导或者负责人应该充分地发挥自身的领导力去引导辅导员开展工作，激发辅导员个体的领导力去开展学生管理工作，使团队建立共同的愿景目标，提高辅导员的业务水平和工作业绩。

（七）公平理论

公平理论是美国心理学家约翰·斯塔希·亚当斯首先提出的，也称为社会比较理论。这种理论的基础在于员工不是在真空中工作的，他们总是在进行比较，比较的结果对于他们工作的努力程度有很大影响。员工如果发现自己的收支比例与他人的收支比例相等，或现在的收支比例与过去的收支比例相等时，他就会认为公平、合理，从而心情舒畅，努力工作；如果当他发现自己的收支比例与他人的收支比例不相等，或现在的收支比例与过去的收支比例不相等时，会产生不公平感，内心不满，工作积极性随之降低。公平理论认为员工做出实际成绩获得报酬后，会通过绝对量和相对量的对比来衡量自己所得报酬的价值,以此来确定工作付出所得报酬是否合理,而是否合理的结论将直接影响未来的工作积极性。组织行为学公平理论在公共管理中的应用主要有:(1)引导员工能够正确分析;(2)要求公共管理部门能够制定科学的考评方法;(3)要求公共管理部门能够制定合理的分配制度。

公平理论对辅导员绩效考核有着重要的影响:首先,影响考核效果的不仅是结果的绝对值,还有结果的相对值;其次,考核时应力求公平,使等式客观成立,尽管有主观判断的误差,也不致造成严重的不公平感;最后,在考核过程中应注意对被考核者公平心理的引导,使其树立正确的公平观,一是要认识到绝对的公平是不存在的,二是不要盲目攀比,三是要注意按劳分配在公平问题上的有效应用。

二、新时代高校辅导员绩效考核的方法

(一)关键事件法

关键事件法(Critical Incident Technique,CIT)是一种常用于研究和评估个体行为的定性研究方法,是通过对工作中最好或最差的事件进行分析,对造成这一事件的工作行为进行认定从而做出工作绩效评估的一种方法。关键事件法是由美国学者福莱·诺格和伯恩斯在1954年共同创立的,它是由上级主管者通过观察,并书面记录员工平时工作中的关键事件:一种是做得特别好的,一种是做得不好的。在预定的时间,通常是半年或一年之后,利用积累的记录,由主管者与被测评者讨论相关事件,为测评提供依据。其主要原则是认定员工与职务有关的行为,并选择其中最重要、最关键的部分来评定其结果。它首先从领导、员工或其他熟悉职务的人那里收集一系列职务行为的事件,然后描述"特别好"或"特别坏"的职务绩效。这种方法考虑了职务的动态特点和静态特点。

员工的关键事件按性质可以分为正向关键事件和负向关键事件两种类别。正向关键事件是指对员工绩效及组织绩效产生了积极影响的关键事件,包括:超出了员工绩效承诺目标或一般要求的工作业绩,对组织绩效提升有重大贡献;支持周边协作、跨部门项目工作;在本职工作以外为组织或部门

的文化建设、组织氛围建设等做出了明显的贡献；提出合理化建议并取得了重要或重大成果。负向关键事件是指对员工绩效及组织绩效产生了消极影响的关键事件，包括重大的或重要的工作失误、重大的违纪行为等。关键事件总是由行为和结果两方面构成，并且关键事件法就是通过对这些正向或负向的关键事件的记录，对员工的绩效或能力作出判断与评价。正向的关键事件是支持和佐证员工的某种绩效状况的，负向的关键事件则是用于否定员工的某种绩效状况的。[①]

1. 关键事件法的优点

（1）深入理解个体行为。关键事件法通过收集和分析具体事件和行为，提供了对员工行为的深入理解。它关注关键事件，即在特定情境下产生显著影响的事件。通过详细描述事件的情境、行为和结果，研究人员能够更好地理解行为的动因和影响因素。

（2）具有实用性和可操作性。关键事件法侧重于具体的事件和行为，而不是一般性的观点和意见，这使得研究结果更具实用性和可操作性。研究人员可以通过分析关键事件，确定成功和失败的因素，发现优秀行为的模式，并制定具体的改进措施。

（3）不依赖预先设定的框架。关键事件法不依赖预先设定的框架或理论，而是根据实际事件和行为进行研究，这使得研究结果更具灵活性和适应性，能够捕捉到员工行为的多样性和复杂性。

（4）全面理解个体行为。关键事件法可以收集不同类型的关键事件，涵盖各种情境和行为，这样可以获得多样性和代表性的数据，从而更全面地了解行为个体的特点和模式。同时，研究人员还可以选择不同的参与者，以获得不同角度和经验的观点。

（5）可以定性和定量相结合。关键事件法通常以定性的方式进行数据收集和分析，但也可以与定量方法结合使用。研究人员可以将定性数据转化为定量指标，进行统计分析和比较，这样可以在保持详细描述的同时，提供定量的结论和证据。

---

① 林新奇：《绩效管理》，东北财经大学出版社 2010 年版，第 167 页。

（6）可应用于各个领域。关键事件法不仅适用于研究和评估员工行为，还可以应用于各个领域，如教育、医疗、管理等。它可以帮助理解和改进个体和团队的行为，优化工作流程和决策过程，提高绩效和效果。

2.关键事件法的缺点

尽管关键事件法在研究和评估个体行为方面具有许多优点，但也存在一些缺点。

（1）实施过程耗时长。关键事件法需要花大量的时间去搜集那些关键事件，并加以概括和分类，记录和观察费时费力。同时调查周期太长，员工长期处于被观察状态，容易引起不安全感。

（2）数据存在主观性和偏差。关键事件法的数据收集和分析主要依赖于观察者的主观经验和解释，这可能导致数据的主观性和偏见。观察者可能在选择关键事件、描述事件和解释行为时受到自身经验、偏好和认知偏差的影响。因此，研究结果可能受到观察者主观性的影响，从而降低了数据的客观性和可靠性。同时，关键事件法要求参与者回忆和描述过去的事件和行为。然而，人类记忆存在着一定的偏差和限制，包括记忆的模糊性、回忆的变形和选择性记忆等。这可能导致参与者对关键事件的回忆存在偏差，从而影响数据的准确性和可信度。

（3）事件选择存在局限性。关键事件法依赖于考核参与者选择和提供关键事件，这可能导致样本选择的局限性，某些事件可能被忽略或遗漏。因此，研究结果可能无法全面反映员工行为的方方面面，从而影响研究的可信度和效度。

（4）数据收集和分析具有复杂性。关键事件法要求考核人员收集和分析大量的详细描述性数据，这可能需要较长的时间和努力，并可能涉及烦琐的数据整理和分类工作。此外，由于数据的定性特点，其分析过程更加主观和复杂，这可能导致分析结果的一致性和可靠性受到影响。

（5）缺乏量化指标和统计分析。关键事件法主要关注定性的事件描述和行为分析，缺乏具体的量化指标和统计分析，这可能限制研究人员在结果解释和比较方面的能力。对于一些需要定量数据支持的决策和评估，关键事件法的结果无法提供足够的支持。

（6）研究结果缺乏普遍性和代表性。由于关键事件法的研究数据通常是基于特定的事件和员工，因此结果的代表性和泛化能力存在挑战。考核人员很难确定这些关键事件在整体群体中的普遍性和典型性。因此，在将考核结果应用于更大范围的群体或制定决策时，需要谨慎考虑结果的适用性。

（二）关键绩效指标法

关键绩效指标法（Key Performance Indicator，KPI）是一种常用的绩效管理工具，是通过对组织内部流程的输入端、输出端的关键参数进行设置、取样、计算、分析，衡量流程绩效的一种目标式量化管理指标，用于确定和衡量组织或员工在实现战略目标和业务目标方面的表现。它基于设定关键绩效指标，以量化和监测绩效，提供有针对性的反馈和改进方向。KPI衡量重点活动，不是反映所有操作过程而是遵循二八原则，从众多考核指标中找出最关键的指标作为绩效考核的指标。KPI考核指标目标值根据实际情况动态设立，当某一项工作经过努力达到很好的效果并没有上升空间时，它将不再作为KPI考核的重点或是不对它进行KPI考核，然后将考核重点转为其他相对薄弱、有上升空间的指标。KPI的设定是组织上级与成员共同参与完成的，是双方达成一致意见的体现。

1.关键绩效指标法的优点

（1）明确战略导向。关键绩效指标法将组织的战略目标和业务目标转化为可量化的指标，从而确保所有绩效目标与组织的整体战略一致。通过设定关键绩效指标，组织能够明确重点关注的领域，并将资源和精力集中在关键业务目标的实现上，有助于提升组织的战略导向性。

（2）确定衡量标准。关键绩效指标法能够帮助组织确定和建立衡量绩效的标准和指标体系。通过明确定义和量化关键绩效指标，可以使绩效评估更加客观和准确，能避免主观评价的偏差和不一致，这为绩效评估提供了明确的依据，使得评估结果可以比较精确从而更加可靠。

（3）提供反馈和改进机会。关键绩效指标法强调对绩效的监测和评估，为组织和员工提供持续的反馈和改进机会。通过定期跟踪和分析关键绩效指标的结果，可以发现问题，并及时采取措施进行纠正和改进，有助于组织和员工不断提高绩效，实现目标。

（4）促进目标对齐和协同。关键绩效指标法可以促进组织内部和团队之间的目标对齐和协同合作。通过设定共享的关键绩效指标，各部门和团队可以明确自己的责任和贡献，同时也能够了解其他部门和团队的目标和绩效。这有助于促进跨部门的协作和合作，增强整体绩效和效率。

（5）激发动力和奖励机制。关键绩效指标法可以为组织和员工提供明确的目标和奖励机制。通过设定具有挑战性和可衡量的关键绩效指标，可以激发员工的动力和积极性，促使他们为实现绩效目标而努力工作。此外，绩效评估结果可以作为奖励和激励机制的依据，为员工提供公平和可见的奖励和晋升机会。

（6）支持持续改进和学习。关键绩效指标法强调持续改进和学习的重要性。通过对关键绩效指标的评估和反馈，组织能够不断识别改进机会和学习需求，并制定相应的培训和发展计划。这有助于组织不断提升绩效和竞争力，适应变化的市场环境和需求。

2. 关键绩效指标法的缺点

（1）量化指标设定具有局限性。关键绩效指标法在设计过程中通常侧重于量化指标的设定和衡量，忽视一些难以量化的绩效因素。某些关键业务目标涉及质量、创新、团队合作等方面，这些绩效因素难以用简单的数字来衡量。因此，过度依赖量化指标将导致对非量化绩效的忽视，无法全面评估绩效。

（2）关键指标选择具有难度。确定适合的关键绩效指标是一项具有挑战性的任务，不同的组织或部门面临的业务环境和目标不同，选择适合的关键绩效指标需要考虑到组织的特定情况和需求。如果选择的指标不准确或不合适，会导致绩效评估的失真和不准确，无法真实反映实际的绩效水平。

（3）过度强调短期结果。关键绩效指标法通常关注短期结果和目标的实现，这会导致对长期战略目标和可持续发展的忽视。过度关注短期结果会导致员工过度专注于完成目标，而忽略了组织的长远发展和创新能力的培养。长期发展需要更全面的绩效评估，包括组织的学习能力、创新能力和适应变化的能力。

（4）指标过多导致负面效应。如果关键绩效指标过多或过于复杂，会导致员工产生困惑和压力。过多的指标使员工难以集中精力和资源，在实践中无法平衡各个指标之间的关系。此外，指标过多也会增加评估的工作量和复杂性，给绩效管理带来额外的负担。

（5）忽视绩效背后的原因。关键绩效指标法通常只关注绩效结果，而忽视了绩效背后的原因和影响因素。仅仅关注结果将无法全面了解绩效的本质，而忽视了激励因素、工作环境、资源支持等方面对绩效的影响。对于实现持续改进和发展的组织来说，了解和分析绩效背后的原因至关重要。

（6）不适应复杂和多元的工作环境。在现代组织中，工作任务和角色的复杂性和多样性日益增加，这意味着单一的关键绩效指标无法全面评估员工的绩效，无法捕捉到员工在不同任务和角色中的表现。因此，在某些情况下，需要使用更多维度和多元化的绩效评估方法来更准确地衡量绩效。

（三）360度考核法

360度考核法，也称为全方位考核法或多源考核法，是一种多维度的绩效评估方法，它从多个角度对员工进行评估，包括上级、下级、同事和工作对象等不同参与者的意见和观点，这些人分别从多个方面对被考核者进行全方位的匿名评价，专业人士再根据各方的评价结果，与被考核者的自我评价作对比，从而提出反馈意见。这样，被考核者就能知晓各方面的意见，清楚自己的优势劣势，以达到帮助被考核者改变自身行为、提高能力水平和绩效的目的。

1. 360度考核法的优点

（1）多维度评估。360度考核法能够提供多个维度的评估数据，从不同的角度对员工的绩效进行全面评估。传统的单一评估方法通常只依赖于上级的评价，而忽视了其他参与者的观点。通过引入同级、下级和工作对象的评价，可以获得更加全面和客观的评估结果，更准确地了解员工在不同方面的表现。

（2）多元化视角。360度考核法提供了多个参与者的意见和观点，能够反映不同参与者对员工绩效的不同观察和评价。上级能够提供对员工工作表现的直接观察和领导力评估，同事能够提供对员工合作能力和团队贡献的评价，下级能够提供对员工领导力和管理能力的反馈，工作对象能够提供对员工服务质量和客户满意度的评估。这样的多元化视角可以更全面地了解员工在不同角色和关系中的表现，有助于识别出员工的优点和改进的方向。

（3）全方位反馈。360度考核法能够提供全面的反馈，不仅仅是评分或排名，还包括详细的评价和建议。通过不同参与者的评价，员工可以获得来自不同角度的意见和观点，了解自己在不同方面的优势和改进的空间。这种全面的反馈有助于员工进行自我评估和发展规划，提高自我意识和职业素养。

（4）全面促发展。360度考核法强调员工的发展和学习，注重提供有针对性的反馈和建议。通过不同参与者的评价，员工可以了解到自己在不同方面的优势和需要改进的地方，从而有针对性地制订发展计划和学习方向。这种个性化的反馈和建议有助于员工不断提高自身的能力和素质，实现职业发展和成长。

（5）促进团队合作。360度考核法不仅对个体进行评估，还可以评估团队的协作和合作能力。通过同事的评价，可以了解团队内部的合作情况和团队成员之间的互动关系，这有助于发现团队合作中存在的问题和改进的空间，并促进团队的协作和团队绩效的提升。

（6）增强考核公信力。360度考核法能够增加评估的公正性和客观性。通过引入多个参与者的评价，可以减少员工偏见和主观评价的影响，提高评估的客观性。同时，对于员工来说，他们可以更加放心地接受评估结果，因为这些结果来自于多个参与者的意见和观点，具有更高的公信力。

2. 360度考核法的缺点

（1）考核具有主观性和偏见。360度考核法中的评价结果受到参与者的主观性和员工偏见的影响。不同参与者对员工的评价可能存在差异，会受到人际关系、员工喜好或争权夺利等因素的影响。某些参与者可能会有意或无意地提供主观或不准确的评价，导致评估结果的不公正性。

（2）考核流程复杂和耗时较长。360度考核法的实施相对复杂，需要收集、整合和分析来自不同参与者的评价和反馈。这需要投入大量的时间和资源，包括设计问卷、进行访谈或会议、整理和分析数据等。对于大型组织或跨部门团队而言，这个过程可更加复杂和耗时，需要额外的管理和协调工作。

（3）考核结果区分度不大。360度考核法侧重于对被考核者各方面的综合考核，定性考核项比较多，定量考核项比较少，主观性评价比较强，因此不管是某一具体的指标，还是最终的考核结果，区分度都不大。

（四）目标管理法

目标管理是指由下级与上级共同决定具体的绩效目标，并且定期检查完成目标进展情况的一种管理方式，由此而产生的奖励或处罚则根据目标的完成情况来确定。概言之，目标管理法也即让组织的管理人员和员工亲自参加工作目标的制定，在工作中实行"自我控制"，并努力完成工作目标的一种管理制度。目标管理法的一个最显著的特点是体现了参与管理的意识，促进组织沟通和交流，明确了各类人员的角色，这不仅提高了计划工作的有效性，而且有利于形成有效的控制。[①]

1.目标管理法的优点

（1）明确目标。目标管理法强调设定明确、具体、可衡量的目标，这有助于员工和管理层明确工作重点和期望结果。明确的目标可以提供方向和指导，帮助员工更好地理解他们的职责和目标。

（2）提高工作效率。通过设定明确的目标，目标管理法可以帮助员工更加专注和高效地工作。他们可以将时间和资源分配到最重要的任务上，避免分散注意力和浪费时间，这有助于提高工作效率和生产力。

（3）促进员工发展。目标管理法鼓励员工参与目标设定的过程，并与管理层进行密切的合作。这种参与和合作可以帮助员工发展新的技能和能力，提高自己的绩效水平。目标管理法还提供了一个评估和反馈的机制，员工可以了解自己的表现，并进行必要的改进和发展。

（4）增强责任感。目标管理法强调员工对自己的目标和绩效负责。通过设定员工和团队的目标，员工可以更好地理解自己的责任和角色，并为实

---

① 余泽忠：《绩效考核与薪酬管理》，武汉大学出版社2016年版，第83页。

现目标付出努力。这种责任感可以激发员工的积极性和动力，促进工作的完成。

（5）促进沟通和协作。目标管理法鼓励员工和管理层之间的沟通和协作。在设定目标的过程中，员工和管理层需要进行交流和讨论，以确保目标的合理性和可行性。这种沟通和协作可以促进团队合作，提高工作效率和绩效。

（6）提高绩效评估的准确性。目标管理法提供了一个明确的绩效评估标准。通过与预先设定的目标进行比较，管理层可以更准确地评估员工的绩效，这有助于公正和客观地评估员工的表现，并为员工提供有针对性的反馈和发展建议。

（7）促进组织目标的实现。目标管理法将员工和团队的目标与组织的目标相结合。通过设定和追踪目标的过程，目标管理法可以帮助组织实现其战略目标和使命，这有助于提高组织的绩效和竞争力。

2. 目标管理法的缺点

（1）目标无法权变。目标管理法的一个主要缺点是在设定目标时可能过于刻板和固定。由于目标被设定为具体、可衡量的事项，会忽略组织或员工在实践过程中遇到的变化和调整的需求，导致目标不适应外部环境的变化或内部情况的变动，使得目标失去实际意义。

（2）目标过于注重结果。目标管理法的核心是追求结果和绩效，尽管这对于组织和员工的发展非常重要，但过于强调结果会导致忽视过程和方法的重要性。在追求目标的过程中，会忽略员工的学习和成长、团队的合作和创新等因素，而过分追求短期的成果，导致工作环境的紧张和压力，降低员工的积极性和工作满意度。

（3）目标存在冲突的可能。在一个组织中，不同部门或员工的目标可能存在冲突或权衡。目标管理法在设定目标时往往只关注特定部门或员工的目标，忽略整体协调和统一的需要，导致不同部门之间的竞争和利益冲突，以及员工目标与组织整体目标之间的不协调。

（4）目标过于定量化。目标管理法通常要求目标具体可衡量，这导致一些无法量化的目标难以被纳入考核体系。在高校等特定领域，一些重要的目标,如师德师风建设、学术影响力等,难以用简单的定量指标来衡量。过于侧重定量化的目标设定导致忽视一些重要的非量化目标,而忽略了一些重要的因素。

(5)目标设置过度集中化。在某些情况下,目标管理法导致目标的设置过度集中化,权力过于集中在管理者手中,导致员工缺乏参与感和主动性,只是被动地接受目标的制定和安排。缺乏员工的参与和主动性将降低他们的工作动力和创造力,限制组织的创新和发展。

(五)德尔菲法

德尔菲法(Delphi Method),又称专家小组法,是一种专家咨询和决策支持技术,通过一系列匿名的、循环的专家调查和反馈,旨在达成一致或接近一致的意见。这种方法主要是按规定的程序,采用函询的方式,由专家小组背对背地作出分析判断,来代替面对面的会议,使专家充分发表不同意见,然后经过客观分析和几次征询及反馈,使各种不同意见趋向一致,从而得出比较符合规律的预测结果。

1. 德尔菲法的优点

(1)具有匿名性。德尔菲法采用匿名方式进行专家调查和反馈,不公开专家的身份和意见,确保了专家的独立性和客观性。专家可以自由表达自己的观点,不受其他专家的影响,从而提高了决策的质量和准确性。

(2)观点多元化。德尔菲法通过邀请多个专家参与调查和反馈,充分利用了专家的多元化观点和知识。不同专家可能具有不同的背景、经验和专业领域,他们的观点和见解可以提供更全面、多角度的信息,帮助决策者更好地理解和分析问题。

(3)迭代循环可以深入挖掘问题。德尔菲法采用迭代循环的方式进行调查和反馈,通过多轮调查和讨论逐步收敛意见,以达成共识或接近共识。这种循环的过程可以促进专家之间的交流和讨论,有助于深入挖掘问题的本质和潜在的解决方案。

(4)专家参与可以弥补信息缺失。在某些情况下,决策者面临信息不完全或不确定的情况。德尔菲法通过邀请专家参与调查和反馈,可以弥补信息缺失的问题。专家根据自身的知识和经验提供观点和建议，填补了决策者对于问题的认识和理解上的不足。

（5）具有灵活性和适应性。德尔菲法的灵活性使其适用于各种类型的问题和决策场景，可以应用于各个领域，包括科学研究、技术预测、政策制定等。同时，德尔菲法还可以根据具体情况进行调整和定制，以满足特定问题和决策的需求。

（6）具有高度参与性。德尔菲法通过邀请专家参与调查和反馈，使得决策过程更具参与性和民主性，增加了决策的合法性和可接受性。同时，专家也可以从中获得认可和满足感，增强其对决策结果的认同和支持。

2.德尔菲法的缺点

（1）时间和成本消耗较大。德尔菲法通常需要经过多轮调查和反馈，需要较长的时间和大量的资源。德尔菲法需要组织和协调专家的参与，并进行多次循环，这会增加调查的时间和成本，特别是在问题复杂、专家众多的情况下。

（2）存在信息偏差的可能性。尽管德尔菲法采用匿名方式进行调查和反馈，但仍然存在一些信息偏差。专家的意见和观点受到其员工背景、经验、态度等因素的影响，导致某些意见被低估或忽略，或者某些意见被过度强调。此外，组织者的问题设计和调查方式也会对结果产生影响，可能引入偏见或误导。

（3）存在专家选择和代表性偏差的可能性。德尔菲法依赖参与的专家团队，他们的知识和经验对于决策结果的质量至关重要。然而，专家的选择受到主观因素的影响，如组织者的选择偏好、员工关系等。同时，专家团队的代表性也是一个重要问题，如果专家团队没有涵盖所有相关领域或利益相关方，将导致结果的片面性或不完整性。

（4）存在意见收敛的风险可能性。德尔菲法的目标之一是通过多轮调查和反馈逐步收敛专家意见，以达成共识或接近共识。然而，这种逐步收敛的过程导致意见的一致性增强，降低了创新和多样性。专家可能受到他人意见的影响，不再表达独立或非传统的观点，从而限制了决策的多样性和创新性。

（5）缺乏实施和操作的可能性。德尔菲法主要关注专家的意见和建议，而较少关注实施的可行性和可操作性。专家的意见在理论上是可行的，但在实际操作中可能存在一些限制或挑战。因此，德尔菲法在考虑实施细节和操作可行性方面存在不足。

三、新时代高校辅导员绩效考核的技术

绩效考核信度（Reliability）是指考核的一致性和稳定性。考核的一致性是指考核的结果应当是一致的，采用不同的考核方法和不同的考核主体进行考核，结果应当一致，不会因为考核方法的改变与考核者的不同而产生不同的结果。稳定性即是在不同的时间进行的评估所产生的结果是一致的。对绩效考核信度产生影响的因素有考核时机等情景性因素，也有考核者的好恶、情绪、状态等员工性因素，还有绩效指标的构建与考核方法、考核实施过程等方面的因素。要提高绩效考核信度，就要建立标准的考核程序，采用多种方法与角度对被考核者进行考核，同时对考评者进行统一的培训，评估体系一般有 10～25 个指标，这样绩效考核信度才更高。

绩效考核效度（Validity），亦即绩效考核的有效性，是指员工的工作实绩与绩效考核所获得的信息之间的关联程度。关联程度越高，绩效考核效度越高，即绩效考核能够真正有效地评价成员的工作状况，这可以从两个方面来解释：一是内部效度，指考核工具或方法与被考核人员的工作表现之间的一致性。也就是说，考核工具或方法应能够准确地评估被考核人员的工作表现，反映出他们在工作中的能力和成果。例如，如果一个辅导员在工作中表现出色，那么绩效考核的结果应该能够准确地反映出这种优秀表现。二是外部效度，指考核结果与其他相关指标或标准之间的相关性。也就是说，考核结果应与其他客观指标或标准相一致，以确保考核结果的准确性和有效性。例如，如果一个辅导员的绩效考核结果与学生满意度调查结果一致，那么可以认为绩效考核具有较高的外部效度。

四、新时代高校辅导员绩效考核的原则

（一）鼓励和激励原则

开展高校辅导员绩效考核，首先要明确考核的目的，树立合理的导向。考核的目的是全面客观评价辅导员的工作能力，激发辅导员的工作热情，提高工作效率，最终促进辅导员自身的全面发展和辅导员队伍素质的提升。考核应当以促进辅导员发展为导向。因此，辅导员绩效考核首先以鼓励为主，要肯定辅导员所作出的成绩，肯定辅导员在育人过程中的重要作用，肯定辅导员在学校发展中的贡献，鼓励辅导员发展。积极的鼓励还能消除辅导员对绩效考核的不满和抵触情绪，便于绩效考核工作的有效开展。但是，辅导员绩效考核也不能一味只肯定效果，否定差距，而是要中肯评价，使辅导员看到自己的优势和不足，从而更积极主动地去开展工作。通过考核，帮助辅导员树立前进的方向，激励辅导员更加努力工作。贯彻辅导员绩效考核鼓励和激励原则，能够使辅导员真正认同考核，认同考核结果。鼓励辅导员积极工作，以优异的考核结果来实现辅导员的发展，如奖励与惩罚、调动与晋升、进修与培训等，激励辅导员奋发向上，全面发展。

（二）系统性原则

系统性原则要求在对辅导员进行绩效考核时必须要全面细化，要制定出全面客观的考核体系，同时考核部门根据考核主体的不同，设置不同的权重。这样不仅考核内容是全面的，考核主体也是全方位的，从而能够全面客观地评价辅导员的工作效果。坚持绩效考核的系统性原则，达到科学评价辅导员工作的目的。

（三）客观公正、注重实绩的原则

客观公正，就是在辅导员绩效考核中要确保实体公正和程序公正。辅导员工作中相当一部分内容无法量化，也无法查证。例如与学生谈心谈话，这类工作的效果就无法有效评价，辅导员往往是凭良心干活。但不能因为无法量化而不认可辅导员在这类工作中的付出，客观公正、注重实绩的评价有利于提高辅导员工作的积极性。"凭良心干活"是辅导员内心的自我认知和认同，

如果有来自外界，尤其是主管部门的认同，辅导员将有更大的自我认同感和获得感。而如果长期得不到主管部门的正面评价则会使对辅导员对考核本身产生怀疑和抵触，从而丧失工作的主动性和积极性。客观公正的考核，首先是考核的实体内容公正、合理，其次是考核程序公正、公开、透明。注重实绩，就是在考核中注重辅导员工作的实际效果。这种实际效果可以通过同行评价、学生评价等主体评价来体现，也可以通过辅导员作日志、工作总结、案例思考等形式来体现。通过客观公正、注重实绩的绩效考核原则，对辅导员的工作成效做出准确评价。

（四）定性考核与定量考核相结合的原则

辅导员工作具有复杂性和多样化，部分工作可以量化，而部分工作无法量化。只有将定性考核与定量考核相结合，才更具有可操作性和科学性。主要实施方式是指先将定性指标进行量化，根据《高等学校辅导员职业能力标准（暂行）》和教育部令第 43 号《普通高等学校辅导员队伍建设规定》之规定，把辅导员考核中的业务素质、思想引领、网络思想政治教育等指标进行分级或一定程度的量化，确定分值。再把辅导员工作中能够量化的因子通过量化计分的方式来考核，然后把定性和定量的结果按一定的权重进行综合，得出考核数值。

五、新时代高校辅导员绩效考核的保障

（一）组织保障

高校要加强辅导员绩效考核的组织保障，从而确保辅导员绩效考核工作有相应的资源支持。

1. 明确责任主体

确定负责组织和实施辅导员绩效考核的责任主体，可以是学校的学生处或人事处等相关部门，确保考核工作的统一性和规范性。

2. 成立考核机构

成立专门的考核组织机构，负责具体的考核工作，包括考核方案的制订、考核流程的安排、评估指标的确定等。辅导员绩效考核是一项专业性、

技术性较强的工作，需要选择熟悉绩效考核工作、有相应的专业知识技能的专家和相应的工作人员组成绩效考核团队，可以抽取参与绩效考核的辅导员代表和外部的专业评估人员，组成一个内外结合的评估团队，也可以完全委托第三方评估团队开展外部评估。

3. 做好宣传工作

评估对象的配合与否决定了绩效考核结果的有效性。因此在评估之前要在相应的高校内部做好广泛的宣传工作，讲清楚评估的重要意义、评估的目的、评估的内容等，在评估的目标确定、指标选择、结果反馈等方面，充分与评估对象进行沟通，以创造良好的考评氛围，争取他们的理解和支持，确保评估工作平稳、顺利、有序开展。

（1）明确宣传目标。明确宣传的目标，即向辅导员和相关人员传达绩效考核的重要性、目的和具体要求，以激发他们的参与意识。

（2）制订宣传计划。制订详细的宣传计划，包括宣传内容、渠道、时间和责任人等，确保宣传工作有条不紊地进行。

（3）多样化宣传渠道。利用多种宣传渠道，如学校网站、宣传栏、微博、微信公众号、电子邮件等，向辅导员和相关人员广泛传达绩效考核的信息和要求。

（4）编制宣传材料。编制宣传材料，包括制作宣传海报、宣传册、宣传视频等，直观地介绍绩效考核的内容、流程和标准，以便辅导员和相关人员了解和参与。

（5）组织宣讲会和培训。组织宣讲会和培训，邀请专家和有经验的辅导员分享绩效考核的经验和技巧，解答疑问，增强辅导员对绩效考核的理解和参与度。

（6）个性化沟通和解答。建立个性化沟通渠道，如创建答疑微信群、咨询邮箱等，及时回答辅导员和相关人员的疑问和所关心的问题，确保他们对绩效考核有清晰的认识。

（7）开展示范和表彰活动。组织示范和表彰活动，邀请绩效优秀的辅导员分享经验，激励其他辅导员积极参与绩效考核，形成良好的学习氛围和竞争动力。

4. 加强监督评估

加强对考核工作的监督和评估，及时发现问题和不足，并采取相应的改进措施，提高考核工作的质量和效果。

通过以上组织保障措施，可以确保高校辅导员绩效考核工作的顺利进行，提高考核的科学性和公正性。

（二）物质保障

1. 办公条件保障

辅导员绩效考核是一个长期性的工作，需要一定的硬件支撑，以确保绩效考核工作的顺利开展。比如，为评估工作人员提供基本的办公空间、电脑、档案柜、办公自动化设施，保障评估工作的正常开展，以及后续档案的归整，确保考核结果的准确性和可查性，在辅导员晋升、定级等有需要的时候能够提供必要的支撑材料。

2. 数据系统保障

辅导员绩效考核过程中涉及的考核数据是一个庞大的数据库，需要建立一套数据系统为辅导员绩效考核提供保障，使辅导员在日常工作开展的过程中能随时完善工作数据，考核时统一导出需要的支撑数据，节约时间成本，且可以在日常工作中实施监控，起到提醒的作用，督促辅导员尽快完成工作目标任务。

3. 奖惩资源保障

为充分调动广大辅导员参与绩效评估的积极性，引导辅导员按照组织期望调整自身工作，可以根据考核的结果设置相应的绩效考核津贴，或者给予辅导员相应的奖励预算，在考核结束之后根据考核结果进行相应的奖励，这些需要学校给予一定的经费支持。

（三）制度保障

1. 树立明确的制度导向

清晰制度导向，激励高校辅导员干事创业，就需要完善辅导员绩效考核评价机制，增强考核的科学性、针对性和可操作性，将制度优势更好地转化为治理效能，推动完善制度规定，使其充分发挥效能、展现优越性。一是坚持目标导向,将目标管理的思想融入绩效考核体系,为组织战略目标的实现服务。二是坚持公平、公正的导向。绩效考核要做到公平、公正,要有严格的考核纪律,对弄虚作假的行为要有明确的规制。三是坚持服务绩效改进的导向,将绩效持续改进放置在首要位置,在考核制度设计中,重视辅导员参与性、积极性和责任感的激发。

2.完善考核制度的内容

丰富和完善高校辅导员绩效考核的制度内容是确保考核公正、科学、可靠的重要保障措施。高校需要构建或完善辅导员绩效考核指标体系、考核流程、激励保障、申诉和监督制度等,建立起一套完备的绩效考核制度。

第九章

新时代高校辅导员绩效考核体系的构建

一、新时代高校辅导员绩效考核体系构建的思路

用德尔菲法，通过反复征询专家意见，确定辅导员绩效考核的一级指标。注重目标导向，用目标管理法确立辅导员绩效考核的二级指标。用关键绩效指标法，确定辅导员考核的主要观测点，明确辅导员绩效考核的细化指标。采用关键事件法，确定辅导员绩效考核例外事件，建立正面清单与负面清单，如图 9-1 所示。

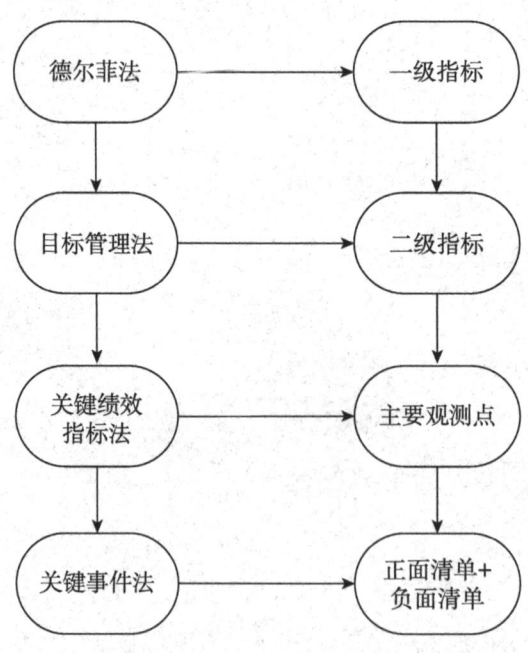

图 9-1　高校辅导员绩效考核指标体系构建思路

二、新时代高校辅导员绩效考核体系构建的方法

高校辅导员绩效考评体系应该体现辅导员建设目标和考评目的，能对辅导员起到正面引导和激励作用，能比较客观公正地评价辅导员工作。考评方法应该相对比较节约成本，实用性强、易于操作。应注重考评方法总体设计的可操作性和系统性原则，坚持考评指标设计态度和效果的统一。适合高校辅导员绩效考核的方法有以下几种。

（一）德尔菲法

德尔菲法可以为辅导员提供具体的绩效反馈和改进建议。通过多轮循环的意见收集和整合，可以形成专家间的共识，为辅导员提供更具针对性的绩效改进建议。实施流程如下。

1. 确定预测题目，选定专家小组

确定预测题目即明确预测的目的和对象，选定专家小组则是决定向谁做有关调查。这两点是有机地联系在一起的，即被选定的专家必须是对确定的预测对象具有丰富知识的人，既包括理论方面的专家，也包括具有丰富实际工作经验的专家，这样组成的专家小组，才能对预测对象提出可信的预测值。专家小组人数一般为 10～20 人。[①]

2. 制定意见征询表，准备有关材料

预测组织者要将预测对象的调查项目，按次序排列绘制成意见征询表，同时还应将填写要求、说明一并设计好，使专家能够按照统一要求得出预测值。制定意见征询表时应当注意以下几个要点：（1）征询的问题要简单明确，使人容易回答；（2）问题数量不宜过多；（3）问题要尽量接近专家熟悉的领域，以便充分利用专家的经验；（4）意见征询表中还要提供较详细的背景材料，供专家进行判断时参考。

3. 采用匿名方式进行多轮函询

第一轮：组织者要将预测题目、征询表和背景材料告知每位专家，要求专家一一作答，提出初步预测结果。第二轮：组织者将汇总整理的第一轮意见、

---

① 冯宇：《市场调查与预测分析》，北京理工大学出版社 2018 年版，第 160 页。

组织者的要求和补充的背景材料,反馈给各位专家,进行第二轮征询意见。专家在接到第二轮资料后,可以了解其他专家的意见,并由此作出新的预测判断。本轮中专家既可以修改自己原来的意见,也可以仍然坚持原来的意见,并将第二轮预测意见按期告知组织者。第三轮:组织者将汇总整理的第二轮意见、补充材料和组织者的要求,反馈给各位专家,进行第三轮征询意见。要求每位专家根据收到的资料,再发表第三轮预测意见。专家将第三轮意见(修改的或不修改的)再次按期反馈。这样,经过几次反馈后,各位专家对预测问题的意见会逐步趋于一致。

4.运用数学统计分析法对专家最后一轮预测意见加以处理,得出最后的预测结论

用德尔菲法征询专家意见一般要求在三轮以上,只有经过多次征询,专家们的看法才能更加成熟、全面,并使预测意见趋于集中。用数学统计分析方法处理专家们的预测数据,得出最终预测值,一般采用平均数法和中位数法。平均数法,就是用专家所有预测值的平均数作为综合的预测值。中位数法,是用所有预测值的中位数作为最终的预测值。具体做法是:将最后一轮专家的预测值从小到大排列,碰到重复的数值舍去,那么中位数所处的位置的数据,就是最终的预测值。

其基本实施流程如图9-2所示。

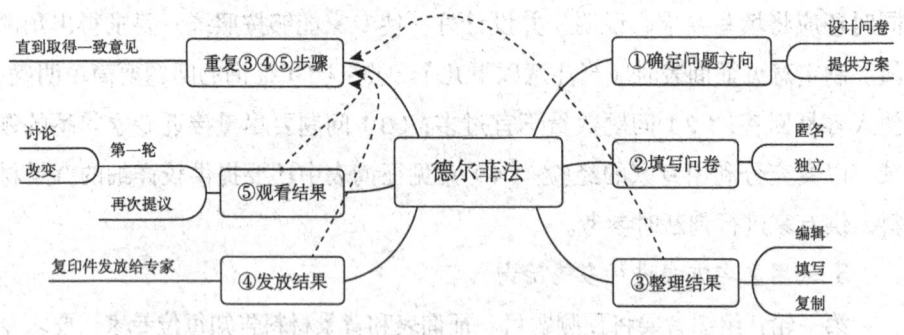

图9-2 德尔菲法基本实施流程

注:根据相关资料整理制作。

(二)目标管理法

运用目标管理法,高校辅导员可以更加明确工作目标,合理分配工作时间和资源,提高工作效率和质量。同时,目标管理法也可以帮助辅导员与领导之间建立有效的沟通和合作机制,提高工作协同性和团队凝聚力,其实施流程如下。

1. 制定目标

制定目标包括确定组织的总体目标和各部门的分目标。总体目标是组织在未来从事活动要达到的状况和水平,其实现有赖于全体辅导员的共同努力。各个部门的辅导员都要建立与组织目标相结合的分目标责任制。这样就形成了一个以组织总体目标为中心的一贯到底的目标体系。在制定每个部门和辅导员的目标时,上级要向下级提出自己的方针和目标,下级要根据上级的方针和目标制订自己的方案,在此基础上进行协商,最后由上级综合考虑后作出决定。

2. 明确负责人

应当尽量做到每个目标和子目标都有一个明确的负责人。

3. 执行目标

为了保证辅导员有条件展开目标活动,组织必须授予他们相应的权力,以使他们产生强烈的责任心,使之有能力调动和利用必要的资源,从而能充分发挥他们的判断能力和创造能力,使目标执行活动有效地进行。

4. 成果评价

成果评价既包括上级对下级的评价,也包括下级对上级、横向关系部门相互之间以及各层次之间自我的评价。成果评价既是实行奖惩的依据也是沟通的机会,同时还是自我控制和自我激励的手段。

5. 实行奖惩

组织对不同辅导员的奖惩是以上述各种评价的综合结果为依据的。奖惩可以是物质的,也可以是精神的。公平合理的奖惩有利于维持和调动组织和辅导员的工作热情和积极性;奖惩有失公正,则会影响这些辅导员行为的改善。

6. 制定新目标并开始新一轮的目标管理循环

成果评价与员工行为奖惩既是对某一阶段组织活动效果以及辅导员贡献的总结,也为下一阶段的工作提供参考和借鉴。在此基础上,为辅导员及其各个层次、部门的活动制定新的目标并组织实施,便展开了目标管理的新一轮循环。①

其基本实施流程如图9-3所示。

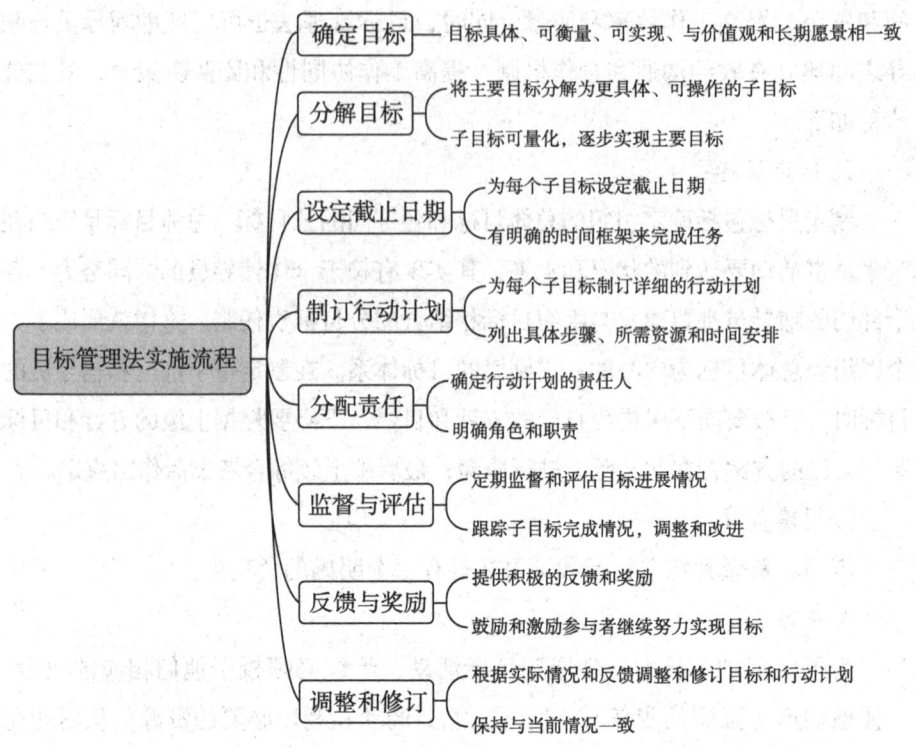

图9-3 目标管理法基本实施流程

注:根据相关资料整理制作。

（三）关键绩效指标法

通过确定高校辅导员工作中的关键绩效指标,即对工作绩效有重要影响的具体指标,并为每个关键绩效指标设定明确的绩效标准,然后收集高校辅导员在工作中的绩效数据,将各个关键绩效指标的评估结果综合起来,对辅导员的整体绩效进行评价。关键绩效指标法的实施流程如下。

1. 明确组织级KPI

明确组织的战略目标,并在组织会议上找出组织的业务重点,也就是组

---

① 许天舒、梁玉芬编:《管理学原理实用教程》,中国市场出版社2014年版,第154页。

织价值评估的重点。然后，再用头脑风暴法找出这些关键业务领域的关键业绩指标（KPI），即组织级 KPI。

2. 建立部门级 KPI

各部门的主管需要依据组织级 KPI 建立部门级 KPI，并对相应部门的 KPI 进行分解，确定相关的要素目标，分析绩效驱动因数（技术、组织和人），确定实现目标的工作流程，分解出各部门级的 KPI，以便确定评价指标体系。

3. 设定辅导员 KPI

各部门的主管和部门的 KPI 人员一起再将 KPI 进一步细分，分解为更细的 KPI 及各职位的业绩衡量指标。这些业绩衡量指标就是辅导员考核的要素和依据。这种对 KPI 体系的建立和测评过程本身，就是统一全体辅导员朝着组织战略目标努力的过程，也必将对各部门管理者的绩效管理工作起到很大的促进作用。

4. 确定关键绩效指标的 SMART 原则

SMART 原则是一种常用的方法，用于确保所选定的关键绩效指标具有具体性、可衡量性、可实现性、相关性和时间相关性。

具体性（Specific）：关键绩效指标必须具体明确，明确定义和界定所需实现的目标。它们应该回答"谁、什么、在什么时候、在哪里、为什么、如何"等关键问题。具体的指标能够阐明期望结果，并使其易于理解和量化。

可衡量性（Measurable）：关键绩效指标必须是可衡量的，以便能够收集和分析相关数据。它们应该能够定量表示目标的实现程度，而不仅仅是主观评估。可以使用具体的度量标准、指标或数值来衡量绩效。

可实现性（Achievable）：关键绩效指标必须是可实现的，即通过资源和努力，能够合理地达到和完成。指标应该基于可靠的数据和已有的能力，以确保实现的可信度。在设定指标时，需要考虑到项目的目标、可行性和可用资源等因素。

相关性（Relevant）：关键绩效指标必须与项目和组织的目标和愿景相一致，并与项目的成功和价值密切相关。它们应该选择性地关注项目的关键方面，以确保指标具有重要性和实际意义。关联到项目目标的指标能够帮助项目团队聚焦于核心目标，避免误导和分散注意力。

时间相关性（Time-bound）：关键绩效指标必须设定明确的时间框架或截止日期，以衡量目标的达成情况和进展。指标应该有明确的时间限制，以便能够评估绩效的时效性和效果。通过设定截止日期或时间范围，可以进行定期评估和审视，并及时采取纠正措施。

应用SMART原则来确定关键绩效指标可以确保目标具体、可衡量、可实现、相关和有时间限制。这种方法有助于澄清期望结果，提高组织对目标的理解，并提供明确的衡量标准。通过SMART原则，组织能够更好地追踪和评估绩效，并及时做出必要的调整和决策。

5.设定评价标准

一般来说，指标指的是从哪些方面衡量或评价工作，解决"评价什么"的问题；而标准指的是在各个指标上分别应该达到什么样的水平，解决"被评价者怎样做，做多少"的问题。

6.审核绩效指标

对关键绩效指标进行审核的目的主要是确认这些关键绩效指标是否能够全面、客观地反映被评价对象的工作绩效以及是否适合于评价操作。[①]

其基本实施流程如图9-4所示。

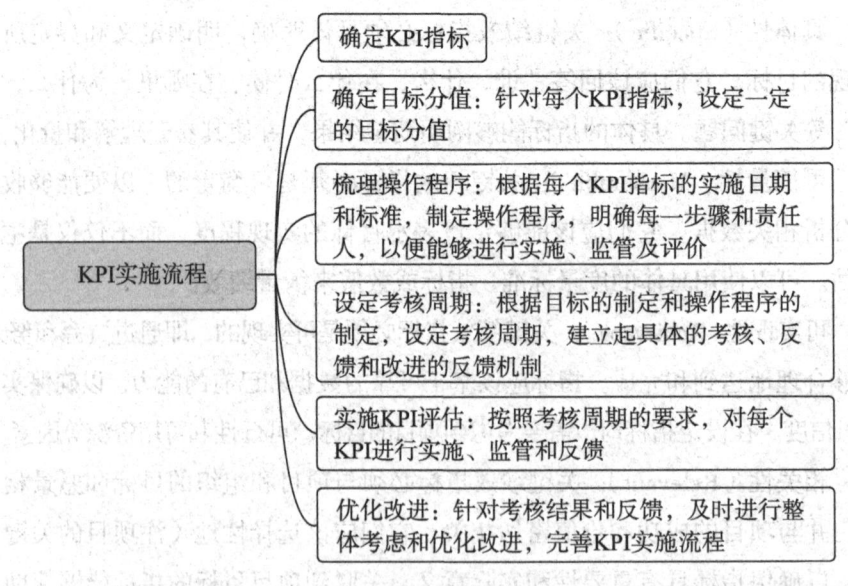

图9-4 关键绩效指标法基本实施流程

注：根据相关资料整理制作。

[①] 张玉玲、刘惠苑：《社会组织管理实务》，西北工业大学出版社2017年版，第154页。

（四）360度考核法

在高校辅导员绩效考核中，可以运用360度考核法来获得更全面的评价信息和提高辅导员的绩效水平。通过辅导员自评、同事互相评议、直接领导和直接部属考评等从全方位、各个角度来考核。评估内容包括职业道德、团队协作、人际关系、专业技能、工作态度、工作能力、努力程度、工作业绩等，其实施流程如下。

1. 确定评估目的

讨论和明确开展360度考核的目的，既可以用来进行人员、领导力开发，还可以进行绩效考核。

2. 考核指标的筛选

一项工作有多个考核要素，其重要程度是不一样的，需要从中筛选出那些对组织有重大影响或工作中重复性较高的工作要素，作为最后考核用的考核指标。

3. 考核者的选择与培训

为了提高考核结果的准确性和公正性，在进行360度绩效考核之前，应对考核者进行选择、指导和培训。第一，一定要选那些与辅导员在工作上接触多、没有偏见的人充当考核者。第二，在评价之前，还要对考核者进行指导和培训，让考核者对辅导员的职位角色有所了解，知道如何来做出正确的评价，在评价过程中容易出现哪些错误。在培训的时候，最好能让考核者先进行模拟评价，然后根据评价的结果指出考核者所犯的错误，以提高考核者实际评价时的准确性和公正性。

4. 考核实施

在实施过程中采取灵活的方式进行，上级要向辅导员说明考核的结果主要应用于辅导员的发展，而不是单纯用做薪酬调整、晋升的依据。在这个基础上考核的结果才会比较客观公正。主要有两种实施途径：一是调查问卷，二是单独访谈。

（1）调查问卷。通常由围绕能表现出特定素质（一般包含10个指标）的关键行为描述构成，评价人在评价对象的这些行为表现上进行打分或选择符合程度。问卷回收后，对数据进行量化分析处理。有些调查问卷中也会包含部分开放式问题，是接受调查的辅导员能有机会用自己的语言，把看到的和感受到的经验表达出来。

（2）单独访谈。即通过单独对辅导员访谈、交流的方式收集关于特定素质的信息，它可以独立作为收集信息的工具，也可以作为调查问卷的补充。访谈可以与问卷调查同时展开，也可以在之后对问卷调查中发现的问题进行澄清。因为问卷调查都能带来大量的信息，但信息的内容往往会过于笼统，用访谈的方式可以挖掘更深更细的内容，从而获得更为实在的具体事例。

5.统计分析

考核数据形成以后，要将辅导员的得分进行处理，形成考核意见，然后与辅导员的直接上级进行沟通，共同形成考核报告。根据考核的目的，确定数据分析的方法和内容，得到评估报告。360度考核的报告内容一般涉及三方面：一是辅导员的工作表现；二是辅导员的综合素质；三是辅导员发展指导部分，具体包括概况、优势、劣势、潜在能力、盲点、共识与分歧的分析、主观反馈等。报告应使用丰富、直观、生动的表格、图形类型来呈现数据，易于报告的解读。

6.反馈面谈

反馈面谈，使上级与辅导员可以讨论其工作业绩，进而挖掘其工作中可提高和发展的领域，同时也创造出一个对话机会，可以促进上级更全面地了解辅导员的态度和感受，促进双方交流。上级和辅导员要协力排除障碍，上级此时充当的是帮助者的角色，给予辅导员资源和政策的支持。

7.制订绩效改进计划

绩效改进首先要分析辅导员绩效考核的结果，找出辅导员绩效考核中存在的问题，然后针对存在的问题制订合理的绩效改进方案，并确保其能够有效地实施。具体步骤包括：确定绩效改进目标、拟订具体的绩效改进行动方案、明确绩效改进资源方面的保障等内容。其中制订绩效改进计划是绩效考核的最终落脚点。

8.考核效果评价

客观评价360度考核这一方法的效果，总结考核过程中的经验和不足，不断完善整个考核系统。可通过以下方式评价360度考核应用效果。一是了解上级和辅导员对考核的态度和作用的认知，可以通过访谈或问卷的方法获得以下几方面的信息：辅导员的背景资料；考核体系考核了什么内容，考核的面谈谈论了什么内容；辅导员对考核效果和作用的认识；辅导员对考核体系的整体印象。二是了解辅导员对组织的认同度。如果辅导员对组织的认同度提升，说明考核效果比较好。① 其基本实施流程见图9-5。

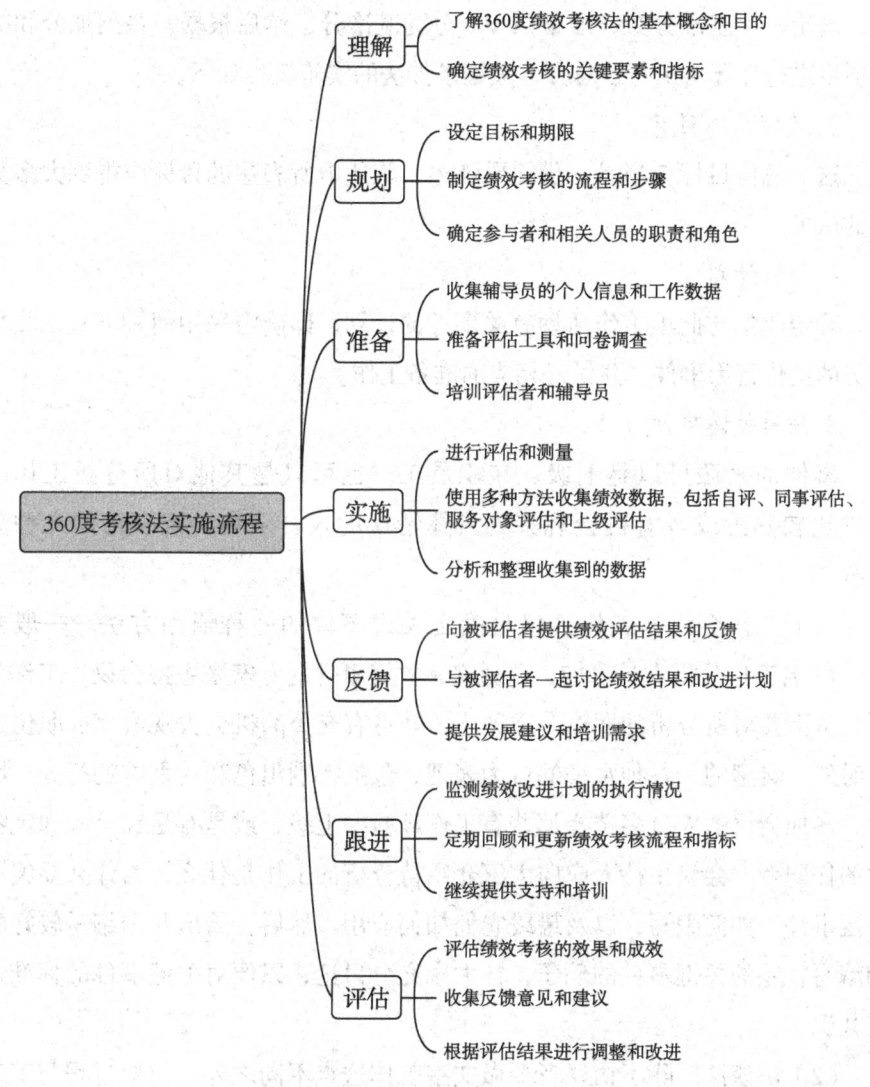

图9-5 360度考核法基本实施流程

注：根据相关资料整理制作。

———————

① 高毅蓉、崔沪编：《绩效管理》，东北财经大学出版社2015年版，第194页。

（五）关键事件法

关键事件法可以综合考察辅导员在不同方面的绩效表现。通过选择关键事件，可以覆盖辅导员工作的各个方面，包括学生服务、沟通协作、问题解决等。这有助于全面评估辅导员的绩效水平。关键事件法是指以个体为组织，确定一个基准分数，通常以100分为基准分，然后根据一系列加分和减分项目进行计算得出考核总分，关键事件法的实施流程如下。

1. 确定总体目标

这一总体目标应当是一份简要陈述，陈述中所表达的目标应得到大多数人的认可。

2. 制订计划

确定收集与此项工作活动有关事件的计划，即确定采用何种方式来收集有关的工作行为事件，并做好相应的准备工作。

3. 采集关键事件

事件的来源可以是上级、在职员工，也可以是其他对所分析工作的事件比较熟悉或者有机会观察到具体情境的人。采集关键事件的几种方法有：

（1）工作会议。工作会议是确定关键事件的一种通用方法。一般由6~12名工作分析人员参加，并由熟悉关键事件的专家来主持会议。工作分析人员需要对所分析的职位非常熟悉，并且有充分的机会去观察完成职位工作时的、典型的、各种水平的行为表现，包括特别出色和特别差的行为。因此，参加会议的人员多选择那些有工作经验的上级，或是有足够经验和观察力的任职者。会议主持人应向大家介绍待分析的工作是什么，为什么要编写关键事件，如何编写，以及最终它们如何应用。然后，给出几个编写较好的和编写较差的关键事件的例子，让大家充分讨论，以便对关键事件的标准达成共识。

（2）访谈法。除了访谈者要做文字工作这点不同之外，访谈过程与工作会议非常相似。一般来说，如果信息来源的口头表达能力比书面表达能力强的话，使用访谈法较为适宜。关键事件的访谈可以是个体访谈，也可以是群体访谈,其形式一般是结构化访谈与非结构化访谈相结合。用访谈法同样需要收集以下信息:导致工作行为发生的一系列事件,对行为明确而详细的描述和行为结果。访谈者在对象描述行为发生的环境、反应和结果时,应该进行详细的记录,必要时可以问一些探索性的问题来获取补充的信息。利用访谈法来获取关键事件信息需要在一定的环境下才能有效地运行。必要的环境要求是:私密、不被打断、方便访谈者。关键事件访谈能让工作分析人员同访谈对象有更多的接触和交流,获取的信息会更加全面、深入,特别是一些访谈对象不愿意写下来的东西。但这种方法的不足之处在于要花费分析人员大量的时间和精力。

(3)问卷法。这种方法对分析人员的精力和时间占用最少,但是对调查对象有较高的要求。他们要有较强的书面表达能力和语言组织能力,能够组织高度结构化的语言,而且要对这项活动有责任感。

(4)观察法。用观察法来收集并确定关键事件,需要给观察者提供一份详细的说明,同时要有用于评定和区分所观察到行为的标准。由工作分析人员通过观察从任职者那里收集一系列工作行为的事件,然后对所收集的事件进行分类,通过分析找出其中的关键事件。

4.选择记录关键事件的方法

在工作会议中可以用结构化和非结构化两种方法来记录关键事件。结构化的方法,就是事先设计好规范化的表格,让大家按照要求填写。非结构化的方法,就是事先准备好一份简要而全面的说明书,包括每一件关键事件所包括信息的轮廓。会议主持人可以引导大家就行为规范进行讨论,把大家的发言记录下来,然后按照要求整理成文字。

5.编辑关键事件

在收集好关键事件之后,必须对其进行编辑加工,为下一步应用关键事件做好准备。首先,按照上文所述的记录要求,检查每个事例内容是否完整,格式是否统一;其次,要考虑事例的长度,事例必须保持在合适的长度才能保证提供必需的信息,如果太长则易给阅读人带来困难,必须在这两者间找到平衡点;最后,要考虑他人的认同感,技术语言、职业行话、俗语应适当保留,其中的细微差别能使使用者感同身受。

6. 总结

主要总结该工作职位的关键特征和具体的行为要求。① 其基本实施流程见图9-6。

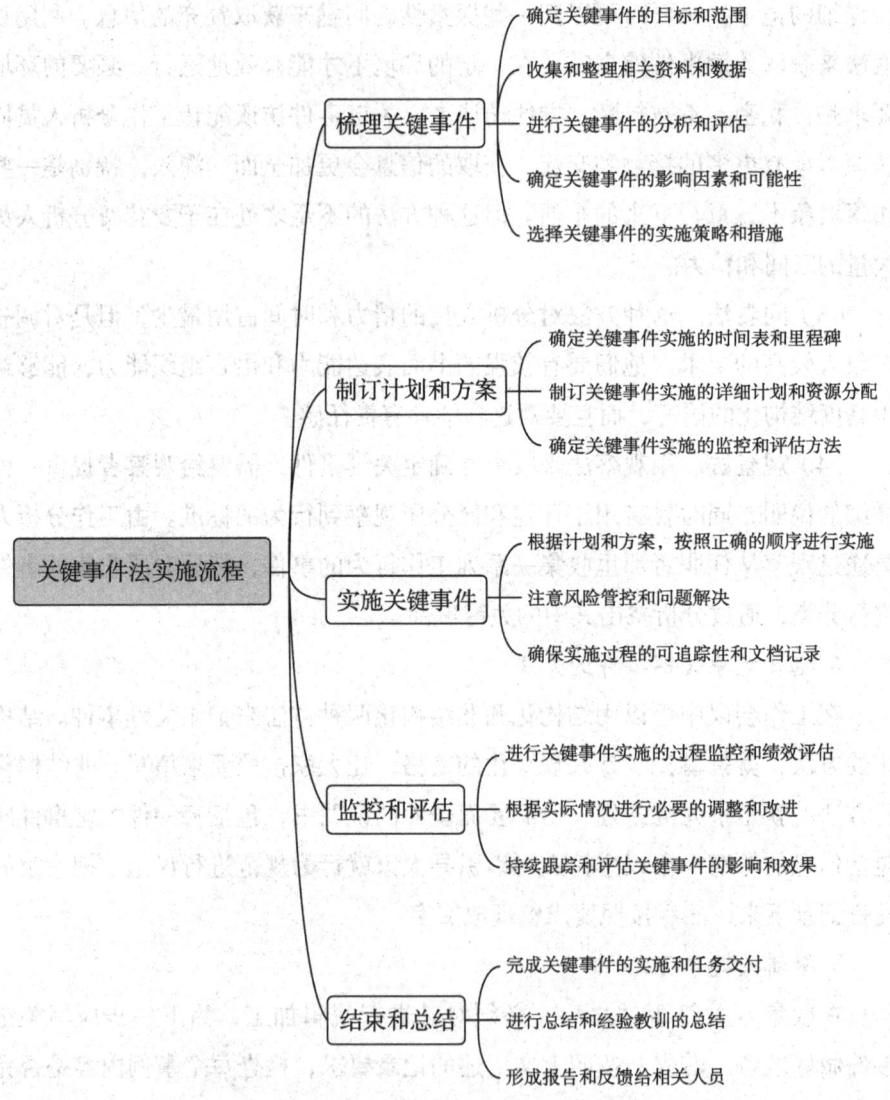

图9-6 关键事件法基本实施流程

注：根据相关资料整理制作。

---

① 王丽娟：《非人力资源经理的人力资源管理（上）》，中国经济出版社2016年版，第136页。

三、新时代高校辅导员绩效考核体系构建的实施

（一）确定辅导员考核主体

采用360度考核法，确定辅导员考核的主体。合格的考核主体首先应当要熟悉辅导员的工作要求、工作内容和职责。其次，要与辅导员接触密切，熟悉辅导员在工作中的表现。最后，考核主体要有一定的专业素质和道德水平，力求对辅导员有公正客观的评价。

第一，辅导员本人对其工作的评价非常重要，辅导员本身对自己的工作状态非常了解，它应当是辅导员展开绩效考核的基础。所以，辅导员本身应当成为考核主体。第二，同事与辅导员在工作中密切接触，也很了解辅导员的工作状况，更重要的是同事能够考察辅导员的团队协作状况，所以同事应当包含在考核主体当中。第三，辅导员是学生工作者，辅导员的工作全面围绕学生展开，所以，学生应当成为辅导员绩效考核的重要主体。第四，学院相关负责人，尤其是学院副书记，全面负责学生工作和辅导员管理，对辅导员的工作情况非常了解，有直接的认识和判断，所以应当成为考核主体。第五，与辅导员工作有关联的学校相关职能部门，如学生处、教务处、保卫处、校团委等部门，可以成为辅导员绩效考核的主体。

综上所述，采用360度考核法，辅导员绩效考核可包括以下考核主体：（1）辅导员自评；（2）同行互评；（3）学生测评；（4）院系评议；（5）学校相关职能部门评议。

（二）核定各考核主体权重

通过理论研究和参考各高校已制定的辅导员考核办法，结合对西南某高校辅导员的访谈记录，对各考核主体权重设计如下。

1. 辅导员自评

辅导员自评是辅导员本人对自己考核年度工作进行的总结提炼，是对自我的评价和认可，可占10%。辅导员可以通过自我评价对考核周期的工作情况进行总结，对工作效果进行思考，通过总结和思考，肯定自身的优势，发

现自身的不足。辅导员本人成为考核主体，是360度考核法的要求，同时也是对辅导员本身的尊重。然而，辅导员自我评价的客观性不足，一方面会为了获得好的考核结果明知自己工作并没有到位而评价过高；另一方面会对自我有认知偏差，认为自己做得非常好，从而高估自己的表现，存在自我评价和其他评价差距的问题，因此，权重可只占10%。

2. 同行互评

同行互评指学院辅导员之间的相互评价，考察与学院其他辅导员的沟通与协作，考察团队协作效果，可占10%。辅导员在日常工作中与同事密切接触，在工作中经常要互相配合，互相协作，且办公室往往离得很近，彼此之间无论是工作还是生活都比较了解，所以，同事之间的互相评价，能够较为客观地反映辅导员的日常工作情况。同时，同事作为考核主体参与评价，能够消除偏见，实现评估错误的最小化。同行互评还能促使辅导员之间在日常工作中互谅互让、团结协作、良性竞争，以此来获得同事间的高度评价，带来积极的压力，激发更高的工作热情和工作效率。但是，在实践中，同事之间因为工作或者个体性格差异等问题，也会产生矛盾，导致评价分数不高。为了避免考核结果失之公允，偏离实际情况，同行互评的权重也不能太高，可占10%。

3. 学生测评

辅导员的工作对象是学生，学生的评价能够充分体现出辅导员的工作情况。辅导员工作是否认真、方法是否得当、素质是否过硬、品质是否过关，学生都有直接的认知。学生与辅导员联系最为紧密，因此辅导员绩效考核中学生测评应占相当大的权重。学生的评价虽然重要，但也不能比重过高。因为：（1）学生并不了解辅导员工作的全部，对于一些不了解的工作，学生做出的评价未必客观。（2）有些辅导员为了在学生这里获得好的评价而存在"放水"的嫌疑，甚至无视规定，一味地满足学生的需求，而忽视了教育本身。（3）辅导员的工作虽然是与学生打交道，但不可能每个学生都会对辅导员有理性客观的评价，有可能有的学生不理解辅导员的工作，或者因为一些事情对辅导员不满意，出于私心，甚至恶意打击报复，可能会在考核中故意诽谤或者中伤诋毁其工作表现，所以，学生测评权重可占50%。为了最大限度地保证辅导员的利益，学生评议分数与学生评议率挂钩。学生评议分 = 学生评议基础分 × 参与折算率。参考江苏大学的规定，可将参与折算率做如下规定：（1）学生参与率 ≥ 95%，折算率为 1；（2）88% ≤ 学生参与率 <95%，折算率为 0.95；（3）80% ≤ 学生参与率 <88%，折算率为 0.85；（4）学生参与率 <80%，折算率为 0.6。

4. 院系评议

院系评议权重可占 30%。辅导员在学院直接领导下开展工作，学院领导及相关人员与辅导员接触较多，对辅导员进行考评，能反映辅导员部分工作。但是，领导也会存在个人喜好，或者基于利益平衡，使得评价的客观性降低，因此，权重不宜过高，可占 30%。

5. 学校相关职能部门评议

学校评议不按权重计算，以附加分的方式呈现。学校相关职能部门与辅导员直接接触较少，不够了解辅导员的工作，为避免有所偏颇，采用清单形式打分（激励清单和负面清单），每一事项在总得分的基础上加减 5 分，形成附加分项目。

（三）设计辅导员考核指标体系

以《高等学校辅导员职业能力标准（暂行）》和教育部令第 43 号《普通高等学校辅导员队伍建设规定》为内容构建高校辅导员绩效考核指标的内容对辅导员工作进行评价，如表 9-1 所示。

表 9-1 高校辅导员绩效考核指标体系

一级指标	二级指标	主要观测点
职业素质（10分）	（一）爱国守法	热爱祖国，热爱人民，拥护中国共产党的领导，拥护中国特色社会主义制度。遵守宪法和法律法规，贯彻党的教育方针，依法履行教育职责，维护校园和谐稳定。不得有损害党和国家利益以及不利于学生健康成长的言行

续表

一级指标	二级指标	主要观测点
	（二）敬业爱生	师德高尚，富有人格魅力；为人师表，爱岗敬业；以身作则，诚实守信；公道正派，具有奉献精神。热爱党的教育事业，树立崇高职业理想，以献身教育事业、引领学生思想和服务学生成长为己任。真心关爱学生，严格要求学生，公正对待学生。不得损害学生和学校的合法权益。在职责范围内，不得拒绝学生的合理要求
	（三）终身学习	主动学习和掌握大学生思想政治教育方面的理论与方法，不断提高工作技能和水平；积极参与校内外培训从不缺勤；注重工作研究；每年撰写或发表至少1篇与思政工作相关的论文；积极参加学校心理咨询师、职业咨询师等资格考试，获得相应证书。坚持终身学习，勇于开拓创新，主动学习思想政治教育理论、方法及相关学科知识，积极开展理论研究和实践探索，参与社会实践和挂职锻炼，不断拓展工作视野，努力提高职业素养和职业能力
	（四）育人为本	把握思想政治教育规律和大学生成长规律，引导学生树立正确的世界观、人生观和价值观。增强学生社会责任感、创新精神和实践能力。尊重学生独立人格和员工隐私，保护学生自尊心、自信心和进取心，促进学生全面发展，努力培养社会主义合格建设者和可靠接班人
	（五）团队协作	注重与学院其他学生工作者的沟通与协作，推动学院学生工作的整体发展与队伍凝聚力的提升
思想理论教育和价值引领（20分）	（一）组织、协调思想政治理论课教师等共同做好经常性的思想政治教育工作	能与思想政治理论课教师等工作骨干做好沟通交流，充分发挥所有从事大学生思想政治教育人员的育人作用

续表

一级指标	二级指标	主要观测点
	（二）参与思想道德修养、形势与政策教育等课程教学	遵循大学生思想政治教育规律，围绕社会主义核心价值体系，组织开展新生入学教育、国防教育、诚信教育、毕业生思想政治教育等各种专题教育。帮助大学生树立正确的世界观、人生观、价值观和荣辱观，效果显著；积极参与第一、第二课堂的教育教学工作；紧密围绕大学生思想政治状况，参与承担"形势与政策教育""心理健康教育""职业发展教育""党课""团课"等教育教学任务，成效明显
	（三）为学生在理想、信念等方面遇到的深层次思想问题提供有针对性的教育咨询	关注学生学习和生活，开展形式多样的日常思想政治教育活动；深入学生实际，经常性地开展谈心活动，每学年至少同每个学生谈心1次；经常与学生家长及任课教师保持联系，了解学生的思想动态
	（四）安全稳定教育	经常性开展安全与稳定教育，及时有效地化解和处置涉及学生的有关矛盾和问题，所带学生集体和员工学习、生活积极有序。掌握学校应对和处置各类突发事件的预案，学生发生突发事件到位及时、妥善处理；对敏感时期的学生安全与稳定工作能预先防范，协助学校相关部门做好各类突发事件的预防和疏导工作
网络思想政治教育（5分）		运用新媒体新技术，推动思想政治工作传统优势与信息技术高度融合。构建网络思想政治教育重要阵地，积极传播先进文化。加强学生网络素养教育，积极培养校园好网民，引导学生创作网络文化作品，弘扬主旋律，传播正能量。 综合利用传统、网络媒体，统筹协调网上、网下工作，把握网络传播规律，有效配置整合网络资源，引导学生在网上自我教育、自我管理和自我服务，教育学生在网上自我约束、自我保护。 围绕学生关注的重点、热点和难点问题，进行有效舆论引导；丰富网上宣传内容，把握网络舆论的话语权和主导权

续表

一级指标	二级指标	主要观测点
党团和班级建设（20分）	（一）开展党员教育管理服务工作	具备丰富的党建团建工作经验与扎实的理论功底；积极指导学生党支部做好入党积极分子、党员的培养、考察和发展工作；重视党员的教育和管理工作；积极开展党团组织生活；充分发挥学生党支部的政治核心作用和学生党员的先锋模范作用
	（二）指导学生党支部和班团组织开展主题党、团日等活动	指导党支部、团支部引导学生积极参加理论学习、校园文化、科技创新、志愿者服务和社会实践等活动；积极参与对学生社团的指导工作。抓住重大节庆日、重要活动、重要节点，指导党团组织开展主题活动；指导学生党支部做好入党积极分子培养教育；严格按照标准和程序发展学生党员，做好党员的教育和管理工作；定期召开组织生活会，做好学生党员组织关系转接工作
	（三）参与学生业余党校、团校建设，讲授党课、团课	能组织开展学院级党校、团校的相关工作；能讲授具有一定理论水平、深受学生欢迎的党课、团课
	（四）班级建设	班级建设有目标、有计划；能实现每学期至少召开2次有特色的主题班会；注重对学生骨干的培养；经常召开学生干部会议，引导学生自我教育、自我管理、自我服务；所带班级或学生员工获各类奖项及荣誉称号较多
学风建设（5分）	（一）学风建设	高度重视学风建设，积极开展班级优良学风创建活动；开展考风考纪教育，所带班集体考风考纪良好，成绩优秀；注重学生创新能力的培养，指导学生开展课外科技活动
	（二）学业指导	帮助学习困难学生适应大学学习生活，激发学习兴趣，掌握科学的学习方法

续表

一级指标	二级指标	主要观测点
		研究分析学生学习状态和学习成绩变化，并针对性地开展分类指导
		指导学生开展课外科技学术实践活动；指导学生考研、出国留学等学习事务
日常事务管理（10分）	（一）日常事务工作	开展入学教育、毕业生教育及相关管理和服务工作。组织开展学生军事训练。为学生提供生活指导，促进学生和谐相处、互帮互助
	（二）帮困育人工作	熟悉并及时传达政府和学校的帮困政策；国家助学贷款等各项帮困措施落实到位；对困难学生的认定做到真实、细致、无遗漏；准确掌握困难学生的家庭经济基本情况和变化情况；关心经济困难学生的身心健康；重视帮困育人工作，积极开展感恩、诚信、自强等教育活动，受助学生表现良好
	（三）评优评先工作	坚持公开、公平、公正的原则，做好学生综合测评、奖学金评定、优秀集体和员工评选等工作；材料审核认真、无误、上报及时、零投诉
	（四）违法违纪学生的教育处理	准确把握国家有关法律法规和学校规章制度，对学生违法违纪行为进行严肃处理；采用案例分析、宣传警示等形式对学生进行日常法律意识教育
	（五）宿舍园区管理	深入学生宿舍，开展宿舍文明、卫生、安全等方面的教育活动；积极推进宿舍园区建设，将育人工作融入学生生活园区的管理与服务
心理健康教育与咨询（10分）	（一）有效开展学生心理疏导工作	与求助学生建立良好的信任关系，有效开展心理疏导工作，帮助学生调节情绪
	（二）初步开展心理危机的识别与干预	识别大学生心理危机的症状并进行初步评估，对学生中出现的心理危机问题能及时掌握和干预。协助专家开展相关的危机干预工作，及时做好心理问题学生的转介工作

续表

一级指标	二级指标	主要观测点
	（三）组织开展心理健康教育活动	多渠道、多形式开展心理健康教育及生命教育；积极配合学校心理咨询师做好大学生的个体咨询及团体辅导；通过培养心理委员、宿舍长、班干部等方法，培养学生自我管理、自我救助和朋辈互助的能力
校园危机事件应对（5分）	（一）对危机事件作初步处理，稳定并控制局面	做好第一时间现场统筹指挥工作；能把握重点人员和关键节点，有效控制事态的发展。
	（二）对事件相关信息做好全面汇总和准确分析并及时与有关部门沟通	协调事件涉及相关部门迅速反应，筛选有效信息；通过沟通和分析把握事件脉络
	（三）对事件发展及其影响进行持续关注与跟踪	密切联系相关人员，跟踪事件的处理效果；通过网络、个别谈话等渠道掌握事件产生的影响；进行事后集体和个体的心理疏导
职业规划与就业指导（10分）	（一）帮助学生正确分析自己的职业倾向	开展职业能力倾向测试并对结果进行分析、评估，帮助学生认识自身的性格特点和能力，明确职业发展目标，澄清职业取向；能为毕业生提供个性化咨询指导
	（二）开展职业生涯规划活动，帮助学生树立正确的职业观、择业观、创业观、成才观，尽快适应社会、融入社会	根据不同年级的学生需求和特点开展职业发展教育；指导学生进行职业生涯规划；毕业年级辅导员及时传达各项就业政策、提供就业信息、开展就业指导；帮助学生树立正确的职业观和择业观；学生就业率高
理论和实践研究（5分）	加强相关理论学习和研究，形成具有针对性和实效性的研究成果	掌握思想政治教育的基本理论观点，积极开展学术研究

(四）编制辅导员考核量表

以高校辅导员绩效考核指标体系为依据，编制各考核主体需要使用的考核量表，详见表9-2、表9-3、表9-4、表9-5、表9-6、表9-7、表9-8。

表9-2　高校辅导员年度绩效考核评分表（自评版）

姓名：_____　　考核时间：_____　　所带学生总人数：_____

所在院（系）：_____　　辅导员签名：_____

序号	一级指标	二级指标	分值	自评分
1	职业素质（10分）	1. 深入学习习近平新时代中国特色社会主义思想，主动学习学生思想政治教育理论和方法，开展思想政治教育和价值引领	2	
		2. 政治素质高，品德修养好，为人师表，作风严谨	2	
		3. 熟练掌握有关学生工作的各项政策、规定并严格执行	2	
		4. 具有强烈的工作责任心，工作积极主动	2	
		5. 坚守岗位、爱岗敬业，随时保持联络方式畅通	2	
2	思想政治教育（20分）	1. 为学生在理想、信念等方面遇到的深层次思想问题提供有针对性的教育咨询	4	
		2. 能与思想政治理论课教师等工作骨干做好沟通交流，充分发挥所有从事大学生思想政治教育人员的育人作用	4	
		3. 围绕社会主义核心价值体系，组织开展新生入学教育、国防教育、诚信教育、毕业生思想政治教育等各种专题教育	4	
		4. 关注学生学习和生活，深入学生实际，经常性地开展谈心活动，每学年至少同每个学生谈心1次；经常与学生家长及任课教师保持联系，了解学生的思想动态	4	

续表

序号	一级指标	二级指标	分值	自评分
		5.经常性开展安全与稳定教育,及时有效地化解和处置涉及学生的有关矛盾和问题,所带学生集体和员工学习、生活积极有序	4	
3	网络思想政治教育（5分）	1.运用新媒体新技术,推动思想政治工作传统优势与信息技术高度融合	2	
		2.引导学生在网上自我教育、自我管理和自我服务,教育学生在网上自我约束、自我保护	1	
		3.围绕学生关注的重点、热点和难点问题,进行有效舆论引导；丰富网上宣传内容,把握网络舆论的话语权和主导权	2	
4	党团建设和班级建设（20分）	1.具备丰富的党建团建工作经验与扎实的理论功底；能组织开展学院级党校、团校的相关工作；能讲授具有一定理论水平的党课、团课	5	
		2.重视党员的教育和管理工作,积极开展党团组织生活	5	
		3.积极指导学生党支部做好入党积极分子、党员的培养、考察和发展工作；定期召开组织生活会,做好学生党员组织关系转接工作	5	
		4.班级建设有目标、有计划；能实现每学期至少召开2次有特色的主题班会；注重对学生骨干的培养	5	
5	学风建设（5分）	1.积极开展班级优良学风创建活动	1	
		2.开展考风考纪教育,所带班集体考风考纪良好	1	
		3.帮助学习困难学生适应大学学习生活,激发学习兴趣,掌握科学的学习方法	1	
		4.研究分析学生学习状态和学习成绩变化,并针对性地开展分类指导	1	

续表

序号	一级指标	二级指标	分值	自评分
		5. 指导学生开展课外科技学术实践活动；指导学生考研、出国留学等学习事务	1	
6	日常事务管理（10分）	1. 开展入学教育、毕业生教育及相关管理和服务工作；组织开展学生军事训练	2	
		2. 熟悉并及时传达政府和学校的帮困政策；国家助学贷款等各项帮困措施落实到位；对困难学生的认定做到真实、细致、无遗漏；准确掌握困难学生的家庭经济基本情况和变化情况；关心经济困难学生的身心健康；重视帮困育人工作，积极开展感恩、诚信、自强等教育活动	2	
		3. 坚持公开、公平、公正的原则，做好学生综合测评、奖学金评定、优秀集体和员工评选等工作；材料审核认真、无误、上报及时、零投诉	2	
		4. 准确把握国家有关法律法规和学校规章制度，对学生违法违纪行为进行严肃处理；对学生进行日常法律意识教育	2	
		5. 深入学生宿舍，开展宿舍文明、卫生、安全等方面的教育活动；积极推进网格化管理	2	
7	心理健康教育与咨询（10分）	1. 与求助学生建立良好的信任关系，有效开展心理疏导工作，帮助学生调节情绪	3	
		2. 识别大学生心理危机的症状并进行初步评估，对学生中出现的心理危机问题能及时掌握和干预。协助专家开展相关的危机干预工作，及时做好心理问题学生的转介工作	3	
		3. 多渠道、多形式开展心理健康教育及生命教育；积极配合学校心理咨询师做好大学生的个体咨询及团体辅导；通过培养心理委员、宿舍长、班干部等方法，培养学生自我管理、自我救助和朋辈互助的能力	4	

续表

序号	一级指标	二级指标	分值	自评分
8	校园危机事件应对（5分）	1. 做好第一时间现场统筹指挥工作；能把握重点人员和关键节点，有效控制事态的发展	2	
		2. 协调事件涉及相关部门迅速反应，筛选有效信息；通过沟通和分析把握事件脉络	1	
		3. 密切联系相关人员，跟踪事件的处理效果；通过网络、个别谈话等渠道掌握事件产生的影响；进行事后集体和个体的心理疏导	2	
9	职业规划和就业指导（10分）	1. 开展职业能力倾向测试并对结果进行分析、评估，帮助学生认识自身的性格特点和能力，明确职业发展目标，澄清职业取向	2	
		2. 指导学生进行职业生涯规划；帮助学生树立正确的职业观和择业观	2	
		3. 根据不同年级的学生需求和特点开展职业发展教育；能为毕业生提供个性化咨询指导	3	
		4. 毕业年级辅导员及时传达各项就业政策、提供就业信息、开展就业指导，学生就业率高	3	
10	理论和实践研究（5分）	掌握思想政治教育的基本理论观点，积极开展学术研究	5	

表9-3 高校辅导员年度绩效考核评分表（学生版）

序号	考核指标	分值	得分
1	你的辅导员在为人师表方面做得如何？	10分	
2	你的辅导员在开展各类主题活动（入学教育、理想信念教育、诚信教育、爱国爱校、安全稳定教育、毕业生教育等）中的工作效果如何？	10分	
3	你的辅导员在关心学生的成长、成才，经常与学生沟通、交流，帮助学生分析、解决学生生活中的困难和思想上的困惑，努力成为学生的知心朋友和人生导师方面做得如何？	10分	

续表

序号	考核指标	分值	得分
4	你的辅导员在加强年级管理、完善制度规范,公开透明奖惩、增强凝聚力方面做得如何?	10分	
5	你的辅导员老师在班级和学风建设方面开展得如何?	10分	
6	你的辅导员在指导学生党、团支部开展活动情况如何?入党积极分子培养、考察和党员发展、团员推优等工作中坚持民主、公开的原则情况如何?	10分	
7	你的辅导员在开展心理健康教育,引导学生养成良好的心理品质和自尊、自爱、自律、自强的工作做得如何?	10分	
8	你的辅导员对家庭经济困难生、学习困难生、行为偏差生的帮扶工作做得如何?	10分	
9	你的辅导员在帮助学生进行生涯规划、就业指导等方面工作做得如何?	10分	
10	你的辅导员在推优入党、学生干部任用、奖助学金评定、违纪处理等工作上秉公办事、廉洁自律方面做得如何?	10分	

表9-4 高校辅导员年度绩效考核评分表(同行互评版)

序号	评定内容	分值	得分
1	政治素质	10分	
2	职业素质	10分	
3	工作态度	10分	
4	工作能力	10分	
5	本职工作完成良好	10分	
6	主动承担额外工作	10分	
7	团队精神、全局意识	10分	
8	工作创新情况	10分	
9	廉洁自律	10分	
10	突发事件处理完善	10分	

表 9-5　高校辅导员年度绩效考核评分表（院系版）

序号	主要绩效项目	项目分值	学院考核小组评分
1	职业素质	10分	
2	思想政治教育	20分	
3	网络思想政治教育	5分	
4	党团建设和班级建设	20分	
5	学风建设	5分	
6	日常事务管理	10分	
7	心理健康教育与咨询	10分	
8	校园危机事件应对	5分	
9	职业规划和就业指导	10分	
10	理论和实践研究	5分	

表 9-6　高校辅导员年度关键事件绩效考核评分表（院系版）

考核指标（基准分：50分） 激励事件：对照清单按照分值加分 负面事件：经院（系）讨论认定的负面事件，每一事项减5分	关键事件情况简介	院（系）领导小组评分
激励清单 1.本人获奖 （1）国家级奖项：5分 （2）省部级奖项：4分 （3）校级奖项：3分 （4）院（系）级奖项：2分 2.所带集体获奖 （1）国家级奖项：5分 （2）省部级奖项：4分 （3）校级奖项：3分 （4）院（系）级奖项：2分 3.本人指导学生获奖 （1）国家级奖项：5分 （2）省部级奖项：4分		

续表

考核指标（基准分：50分） 激励事件：对照清单按照分值加分 负面事件：经院（系）讨论认定的负面事件，每一事项减5分	关键事件情况简介	院（系）领导小组评分
（3）校级奖项：3分 （4）院（系）级奖项：2分 4.科研成果 与辅导成员作相关的科研项目 （1）国家级科研立项：5分 （2）省部级科研立项：4分 （3）校级科研立项：3分 （4）院（系）级科研立项：2分 （5）各级科研项目参加人：1分		
与辅导成员作相关的学术文章 （1）核心期刊 独立作者：5分 第一作者：5分 第二作者：4分 第三作者：3分 第四及其后作者：2分 （2）普通期刊： 独立作者：2分 第一作者：2分 第二及其后作者：1分 与辅导成员作相关的著作 （1）国家级出版社著作 独著：5分 合著：3分 （2）省级出版社 独著：4分 合著：3分 （3）其他出版社 独著：3分 合著：2分		

续表

考核指标（基准分：50 分） 激励事件：对照清单按照分值加分 负面事件：经院（系）讨论认定的负面事件，每一事项减 5 分	关键事件情况简介	院（系）领导小组评分
负面清单：经学院党政联席会认定的负面事件，每一事项减 5 分		

表 9-7 高校辅导员年度关键事件绩效考核评分表（学校职能部门版）

考核指标（基准分：50 分）	关键事件情况简介	相关部门与辅导员沟通情况	学校考核领导小组评分
激励清单：经学校相关部门认定的激励事件，每一事项加 5 分			
负面清单：经学校相关部门认定的负面事件，每一事项减 5 分			

表 9-8 高校辅导员年度绩效考核总评分数表

分数构成	基本分（100 分）				附加分
	辅导员自评分（10%）	辅导员同行互评分（10%）	学生考评分（50%）	院（系）考评分（30%）	关键事件考评分 ＝院（系）关键事件考评分＋学校职能部门关键事件考评分
得分					
考核总得分	考核总得分＝基本分＋附加分				

第十章

新时代高校辅导员绩效考核的实施流程

一、开展辅导员绩效考核准备工作

辅导员绩效考核是高校管理中的一项重要工作,直接关系到辅导员的切身利益和辅导员队伍的整体发展,同时与学校的整体发展密切相关,因此必须周密准备,广泛宣传和动员,学校各部门之间密切配合、认真对待,形成完整的绩效考核流程。

在绩效考核的准备阶段,首先要向被考核者宣传绩效考核。要下发辅导员绩效考核文件,组织辅导员学习绩效考核办法和指标体系,解读辅导员绩效考核周期、目的、方法等具体事宜,让辅导员充分了解绩效考核,消除疑虑和心理上对考核制度、考核部门、考核者的敌对性。

其次要培训考核主体,让懂得考核的人来考核。要让考核主体明确考核的目的和意义,读懂考核指标体系和考核办法,以及如何合理运用考核结果。掌握考核技术,比如怎样避免评估中的干扰因素,如何运用目标管理的方法进行评估等。考核前的宣传和培训让参与考核人员对于考核都有一个总体的认识,从而在思想上高度重视。

周密的准备能够营造出积极参与、认真对待辅导员绩效考核的整体氛围,保障考核的顺利实施。

二、进行辅导员绩效考核数据收集

各考核主体通过网上测评的方式完成对辅导员的考核,不同的考核主体使用不同的考核量表,通过云计算工具统计分数,并通过大数据技术分析数据。

步骤一,辅导员提交自评材料。辅导员在规定时间内提交考核自评表、与考核相关的佐证材料。

步骤二,考核小组审核辅导员所提交的材料。

步骤三,考核小组按照考核方案对各类考核主体提交的考核评价意见进行收集汇总。

步骤四,考核小组对收回的评价量表进行数据统计,根据相应指标权重按照计算考核得分。

步骤五,合理确定考核结果。考核结果分为优秀、合格、不合格三个等级。根据辅导员考核分数,结合排除条件,确定辅导员最终的考核结果。

三、进入辅导员绩效考核反馈环节

辅导员绩效考核结果出来以后,要及时将考核结果反馈给辅导员。如果不能及时将考核结果反馈给辅导员,甚至秘而不宣,那就失去了绩效考核的意义。因为辅导员无从知道自己工作中的不足和问题,从而无法改进。因此,开展辅导员绩效考核后,必须将考核结果及时反馈给辅导员,考核结果应当含有各个主体所测评出来的分数,便于辅导员肯定优势,发现不足。

(一)绩效考核反馈的目的

对于学校绩效考核工作的发展而言,其根本目的在于达成组织和个人目标,提升辅导员业绩水平,因此要让被考核者知道考核的最终结果,这样才能够让他们在今后的工作中积极地改进不足,更好地发挥自身的优势,从而促进工作质量的提升。通过绩效考核反馈机制的健全和完善不仅能够让考核的过程更加公平,而且也能够促使考核的结果更加公开。

在绩效考核的过程中,难免要受到员工主观因素的影响,在实际工作开展的过程当中,如果有一个公平、科学的绩效反馈机制,给辅导员一定的发言权,就能够避免由于员工主观臆断的因素而导致考核结果的不公正。辅导员本人有了发言权和建议权,可以加强与考核者之间的沟通,及时解决考核过程中出现的一些问题。

双向反馈机制的建立能够让辅导员更加清晰地了解自身的优势和劣势,了解自己在整个团队当中所处的位置,以及自身为整个团队目标的实现而做出的贡献。辅导员对于自身在工作中所表现出来的优势应该继续保持,并在院系中发扬光大,对于工作中的缺点应该不断修正,并向其他同事学习。绩效考核的反馈是整体绩效考核中重要的一环,对辅导员队伍整体水平的提升具有十分重要的意义。

(二)绩效考核反馈的内容

绩效考核反馈的内容是管理者制定绩效管理工作发展的重要依据,高校辅导员绩效考核反馈的内容可以包括以下几个方面。

一是辅导员绩效考核的结果。反映辅导员在绩效考核中的得分和评价结果,一般以定量或定性的方式呈现,可以是绩效得分、等级评定或绩效评价报告等。

二是辅导员的优点和亮点。指出辅导员在工作中取得的优秀表现和突出成就,包括专业能力、工作态度、团队合作、创新能力等方面的突出表现。

三是辅导员的不足和改进方向。指出辅导员在工作中存在的不足之处和需要改进的方向,包括工作中的问题、待提升的能力、员工发展的短板等。

四是辅导员的工作目标和重点。明确下一阶段辅导员的工作目标和重点,包括工作任务、项目计划、专业发展等方面的具体要求和期望。

五是辅导员的改进计划和建议。提供具体的改进计划和建议,帮助辅导员制订改进方案,包括培训需求、学习资源、指导方式等方面的建议和支持。

六是辅导员的发展和职业规划。提供辅导员发展和职业规划的指导和建议,包括进修学习、职称评定、岗位晋升等方面的指导和支持。

以上反馈内容可以根据具体的绩效考核制度和要求进行调整和补充,旨在帮助辅导员全面了解自己的工作表现,发现问题并提供改进方案,促进辅导员和学工团队的进步和发展。

四、开展辅导员绩效考核沟通工作

辅导员绩效考核结果反馈以后,绩效考核整个过程并没有结束,还有最重要的一个环节,就是考核沟通。因为辅导员绩效考核的目的就是通过考核提升辅导员工作能力,促进辅导员进步和发展,如果没有开展绩效沟通,这个目的就无法实现。因为没有沟通,辅导员就不了解自己工作的客观情况。

因此，考核部门在考核结果出来之后，第一，要及时向辅导员反馈考核结果，让辅导员了解自己的考核等级或分数，了解自己在考核周期内的客观工作情况。第二，要通过面谈的方式与辅导员进行沟通，总结出辅导员在这一考核周期的工作亮点，肯定辅导员的工作成绩。同时指出考核周期内工作中的不足，并帮助分析问题和解决问题。通过面谈还可以对辅导员未来的发展指明方向，以此促进辅导员的全面发展。

（一）绩效沟通形式分类

1. 个别面谈

辅导员与直接上级或相关部门管理人员进行一对一的面谈，讨论绩效考核结果、评价意见和改进措施等，以提供个性化的反馈和指导。

2. 集体会议

组织辅导员集体会议，向辅导员全面介绍绩效考核的结果和评价，讨论绩效考核的标准和指标，以及改进工作的措施和建议。

3. 绩效报告

向辅导员发放绩效报告，详细说明其绩效考核的结果和评价，包括优点、不足和改进方向等，以供辅导员参考和改进。

4. 电子邮件和内部通知

通过电子邮件或内部通知的形式，向辅导员发送绩效考核的结果和评价，以及相关的指导和建议，方便辅导员随时查阅和参考。

5. 工作总结和计划

辅导员根据绩效考核的结果和评价，撰写工作总结和计划，明确下一阶段的工作目标和重点，与直接上级或相关部门管理人员进行沟通和确认。

6. 工作坊和培训

组织绩效考核相关的工作坊和培训，向辅导员介绍绩效考核的流程和标准，分享成功经验和案例，提供指导和技能培训，以提高辅导员的绩效水平。

7. 在线平台和系统

建立在线平台和系统，辅导员可以通过该平台查看员工绩效考核的结果和评价，提交自评和改进计划，与上级或相关部门管理人员进行在线交流和反馈。

通过以上形式的绩效沟通，可以确保辅导员对绩效考核的结果和评价有清晰的认知，了解改进方向和措施，促进辅导员的专业发展和工作质量的提升。

（二）个别面谈过程设计

个别面谈是高校辅导员绩效考核沟通环节采取的主要形式，高校辅导员绩效沟通之个别面谈过程设计步骤如下。

1. 面谈准备阶段

一是确定面谈主导者。面谈的主导者应该是与被考核的辅导员在日常工作和生活当中接触比较密切的人，如分管学生工作的院系党委（党总支）书记（副书记）。

二是确定面谈目的和时间。面谈是为了讨论绩效考核结果、评价意见和改进措施等。双方约定一个合适的时间，确保面谈的顺利进行。面谈地点宜选择会议室等不易被打扰的场所，使得面谈的效率更高，过程更加顺畅。

三是准备面谈材料。面谈主导者准备相关的绩效考核材料，包括辅导员的绩效评价报告、绩效指标和评价标准等，以便面谈时进行参考和讨论。

面谈主导者还要对被面谈的辅导员有一定的了解，要对该辅导员的工作、能力、性格特点等基本资料有全面的掌握。还要对该辅导员之前的绩效考核结果有一定的了解。只有对被面谈的高校辅导员有全面的了解和认知，才能够让面谈更加具有针对性和实践性。

对于参加面谈的辅导员来说，在面谈开始之前也应该充分做好以下两个准备工作：第一，要对和自己绩效考核相关的基础性材料进行收集和整理。第二，要进一步完善自我评价工作，要能够客观地对自己在一个绩效考核周期内的整体工作情况进行评价。

2. 面谈进行阶段

面谈开始时，面谈主导者向辅导员介绍面谈的目的和流程，确保双方对面谈的内容有清晰的认知。面谈主导者应该主动营造轻松愉悦的氛围，让辅导员能够在放松的状态下进行面谈工作。面谈主要含有以下内容。

一是评估结果反馈。面谈主导者向辅导员详细介绍其绩效考核的结果和评价，包括优点、不足和改进方向等，以供辅导员参考和改进。

二是辅导员自评。辅导员对自己的绩效进行自我评估，提出对绩效考核结果的看法和意见，讨论自评和评估之间的差异和原因。

三是问题讨论和解答。面谈主导者提出问题，与辅导员进行讨论和解答，了解辅导员工作中的困难和挑战，寻找解决方案和改进措施。

四是制订改进计划。面谈主导者与辅导员一起制订改进计划，明确下一阶段的工作目标和重点，提供指导和建议，以促进辅导员的进一步发展。

3. 面谈结束阶段

面谈结束时，面谈主导者与辅导员进行总结和确认，确保双方对面谈内容的理解一致，并达成共识。面谈主导者将所记录的面谈内容呈现给辅导员查看，辅导员核对无误后予以签字确认。面谈记录表应当进行归档。面谈记录表将会成为被考核辅导员职业生涯发展规划的重要参考依据，也会成为辅导员未来工作改进的重要参考资料。

五、保障辅导员绩效考核申诉工作

高校应当建立辅导员绩效考核申诉制度，为辅导员绩效考核提供异议反馈渠道。没有一种考核是尽善尽美的，就算辅导员绩效考核体系设计得科学合理、考核过程公正公开，也不能确保考核结果完全无瑕疵。如果辅导员对绩效考核结果存在异议，应当为其提供反馈异议的渠道。建立辅导员绩效考核申诉制度，就是为辅导员提供表达绩效考核异议的路径。通过申诉制度的建立，一方面能够解决辅导员在绩效考核中的实际问题，另一方面也能改进绩效考核工作，提升绩效考核质量。

（一）设立辅导员绩效考核申诉渠道

高校应明确设立专门的申诉渠道，例如设立一个独立的申诉委员会或由学生工作相关部门负责处理绩效考核申诉事务。申诉渠道应该具备独立性、中立性和权威性，以确保申诉过程的公正性和透明性。

（二）明确辅导员绩效考核申诉条件和期限

制定明确的申诉条件和期限是绩效考核申诉制度的关键要素。辅导员在申诉前需要满足一定的条件,例如申诉必须基于事实和证据,申诉期限需要在绩效评估结果公布后的一定时间内。这样可以避免滥用申诉制度。

(三)规定辅导员绩效考核申诉流程和程序

高校应明确规定绩效考核申诉的具体流程和程序。一般而言,申诉流程可以包括以下环节。

一是申诉书准备。辅导员需要编写一份正式的申诉书,详细说明申诉的理由、依据和要求。

二是申诉材料的提交。辅导员需要将申诉书以及相关的证据材料提交给申诉渠道,确保申诉的完整性和准确性。

三是申诉受理和审核。申诉渠道接收到申诉材料后,进行申诉的受理和审核,核实申诉的合法性和有效性。

四是调查和证据收集。申诉渠道可以对相关事实进行调查和证据收集,以确保申诉的客观性和准确性。

五是审理和裁决。申诉委员会或学生工作相关部门将对申诉进行审理,并做出相应的裁决和决定。

六是申诉结果通知。申诉渠道将向辅导员通知申诉结果,并提供相应的解释和理由。

(四)确保辅导员绩效考核申诉保障和保密

高校应确保辅导员在申诉过程中的权益和利益得到保障。这包括保障辅导员的申诉权利、保护申诉者的员工信息和隐私,并确保申诉过程的保密性,防止不必要的泄露和影响。

(五)设立辅导员绩效考核再审和复核机制

如果辅导员对申诉结果不满意,高校可以设立绩效考核再审和复核机制,提供一个进一步审查和决策的机会。再审和复核机制可以由学校相关管理部门或独立的专门机构负责,以确保申诉结果的公正和合理性。

第十一章

绩效考核背景下高校辅导员高质量发展探索

习近平总书记在党的二十大报告中指出:"高质量发展是全面建设社会主义现代化国家的首要任务。"这是在深入分析我国新的历史条件和阶段、全面认识和把握我国现代化建设实践历程以及各国现代化建设一般规律的基础上,做出的一个具有全局性、长远性和战略性意义的重大判断。高质量发展是确保现代化建设能不断满足人民对美好生活需要的根本支撑,高质量发展不仅仅局限于经济领域,社会主义现代化建设各方面各领域都要体现高质量发展要求。落实到高等教育领域,要建设高质量育人体系,必须贯彻新发展理念,以高质量发展为主题,以绩效考核为路径,做好新时代高校辅导员个人发展和队伍建设,以辅导员的高质量发展助推高等教育事业的高质量发展。

一、高校辅导员高质量发展的内涵

(一)辅导员高质量发展是辅导员自身的职业发展

高校辅导员高质量发展是指在工作中不断提升自身能力和素养,以提高工作质量和效果,实现个人职业发展和成长。从辅导员的职业化、专业化发展到专家型辅导员培养,均包含着对辅导员自身成长道路的关注。要推动高校辅导员工作高质量发展就必须首先关注辅导员这一职业是否具有明确的职业目标和发展计划;是否具有有效的工作机制,如职责和任务、考核评价机制等;是否具有发展机会,以不断提高自身的专业水平,进而有效克服职业倦怠。

（二）辅导员高质量发展是有利于学生成长的发展

辅导员工作高质量发展必须立足学生、关注学生。辅导员的主要职责一是为党育人、为国育才，培养堪当民族复兴大任的时代新人。二是做学生的人生导师和知心朋友，关心和指导学生的成长和发展。不能离开学生需求和育人效果来谈辅导员的高质量发展。

（三）辅导员高质量发展是师生互动的可持续发展

高质量发展强调协调、可持续发展。高校辅导员高质量发展也是师生有效互动的可持续发展。辅导员要与学生建立良好的师生关系，做到平等、尊重和信任。要注重与学生的沟通和交流，及时解答学生的问题，给予学生必要的支持和鼓励。

面对不断变化的环境和需求，辅导员要具备灵活的适应能力和变革意识，主动调整和改进工作方法。辅导员在立足学生、服务学生工作的理论与实践中实现个人价值和职业发展，学生在辅导员的指导帮助下成长成才，最终形成良性互动、共同发展的局面。

二、高校辅导员高质量发展的现状

（一）辅导员支持政策不断优化

1. 全国高校思想政治工作会议精神

2016年12月7日至8日，全国高校思想政治工作会议在北京召开。中共中央总书记、国家主席、中央军委主席习近平出席会议并发表重要讲话。习近平总书记强调："整体推进高校党政干部和共青团干部、思想政治理论课教师和哲学社会科学课教师、辅导员班主任和心理咨询教师等队伍建设，保证这支队伍后继有人、源源不断。"

2.《关于加强和改进新形势下高校思想政治工作的意见》

2017年2月27日，中共中央、国务院印发了《关于加强和改进新形势下高校思想政治工作的意见》，指出："高校思想政治工作队伍和党务工作队伍具有教师和管理人员双重身份，要纳入高校人才队伍建设总体规划，形成一支专职为主、专兼结合、数量充足、素质优良的工作力量。"

3. 教育部令第43号《普通高等学校辅导员队伍建设规定》

2017年9月21日公布中华人民共和国教育部令第43号《普通高等学校辅导员队伍建设规定》（以下简称43号令），自2017年10月1日起施行。43号令对新时代辅导员队伍建设提出了新的要求。在新时代，辅导员要正确理解和把握当前高等学校思想政治教育的新常态、大学生成长和发展的新情况和意识形态工作的新特征，归纳和总结大学生思想政治教育的基本规律，对于新时代高校辅导员职业化、专业化水平起了重要的推动作用。较之以往的辅导员政策性文件，43号令有以下特点。

对于辅导员的职业性质定位更加清晰。43号令对于辅导员的职业性质定位更加清晰：辅导员应当努力成为学生成长成才的人生导师和健康生活的知心朋友。辅导员在大学生成长成才过程中需要扮演好人生导师和知心朋友的双重角色，角色更加清晰，表述更加规范。

工作要求更加明确。包含三个方面的内容：第一个方面，把《高等学校辅导员职业能力标准（暂行）》所阐述的职业守则作为工作要求的内容。第二个方面和第三个方面是贯彻和落实全国高校思想政治工作会议精神，围绕学生成长成才规律阐述"四个正确认识"的内容以及培养成什么样的人的要求。

工作职责边界愈加清晰。43号令对于工作职业的论述，主要依据《高等学校辅导员职业能力标准（暂行）》对辅导员工作职责的九个规定，同时做了修改和创新。一是将"思想政治教育"修改为"思想理论和价值引领"。二是将"学业指导"修改为"学风建设"，从而厘清了辅导员和专业任课教师的关系。三是针对"网络思想政治教育"具体内容的阐述发生了相应的变化。

更加明确了专、兼职辅导员的身份和待遇问题。43号令对专、兼职辅导员的构成和待遇都有了清晰的要求。专职辅导员由院系主管学生工作的副书记、学工人员以及团委书记等专门从事大学生日常思想政治教育工作的人员构成，同时具有教师和管理人员的双重身份。兼职辅导员则从专任教师、管理人员和研究生中择优选聘。并对兼职辅导员的工作量有了明确的界定，按照专职辅导员工作量的三分之一来核定。

明确了选聘辅导员应该具备的基本条件。43号令对于担任辅导员的基本条件有了更为明确的标准,在辅导员职业能力要求的基础上,还增加了对纪律观念、规矩意识和廉洁自律等方面的要求,这些基本要求符合辅导员的职业能力要求和党员身份要求。

对于青年教师兼任辅导员有了明确的要求。43号令不仅鼓励高校青年教师应以多种形式支持和参与班主任和辅导员的工作,而且规定在青年教师职称晋升的过程中,必须要有担任辅导员和班主任的工作经历。对于青年教师参与大学生思想政治教育的管理提出了明确的要求。

辅导员晋升和职业发展通道更加通畅。43号令更加明确了辅导员"双线"晋升发展通道,尤其是对辅导员专业技术职务(职称)的评聘更为重视。强调辅导员的职称晋升要单列计划、单设标准、单独评审。辅导员工作过程中的优秀网络文化成果可以作为将来职称评审材料的重要依据。

完善和建立多层次的辅导员培训体系。43号令为提高辅导员的职业能力提供了更为完善的培训体系,强调高校师资队伍和干部培训队伍要把辅导员的培训纳入其整体培训的计划之中,建立国家教育部、省级教育部门和高等学校三级教育培训体系,规定辅导员应该每5年参加一次国家或省级的培训,学校培训的学时应不少于16个学时。

为辅导员提供了去基层实践锻炼的平台。2013年12月,教育部办公厅出台《关于加强高校辅导员基层实践锻炼的通知》,该通知对高校辅导员深入基层实践锻炼提出了专门的、制度化的规定。理论学习和实践锻炼都是提高辅导员职业能力的重要手段,43号令对辅导员去诸如党政机关、企业单位、基层社区等地挂职锻炼有了明确的规定,支持辅导员结合工作实践和思想政治学科的发展进行理论研究。通过基层的实践和锻炼,能增强辅导员的综合素质和工作能力。

4.教育部等八部门《关于加快构建高校思想政治工作体系的意见》

2020年4月28日,教育部等八部门出台《关于加快构建高校思想政治工作体系的意见》,推出一系列支持政策。比如,为促进辅导员职业发展,意见提出要完善高校专职辅导员职业发展体系,建立职级、职称"双线"晋升办法,并要求学校结合实际情况为专职辅导员专设一定比例的正高级专业技术岗位；为落实专职辅导员人事管理政策，意见专门强调不得用劳务派遣、人事代理等方式聘用辅导员；为提高思政课教师和辅导员待遇，意见要求各地要因地制宜设置思政课教师和辅导员岗位津贴，纳入绩效工资管理，并相应核增学校绩效工资总量。

设立一系列专项经费。比如，意见要求各高校应按照在校生每生每年不低于 30 元的标准设立网络思政工作专项经费，应按照在校生每生每年不低于 20 元的标准设立思想政治工作和党务工作队伍建设专项经费。

5.教育部关于《高校思想政治工作专项资金管理暂行办法》的通知

2018 年 9 月 6 日，教育部印发了关于《高校思想政治工作专项资金管理暂行办法》的通知旨在深入贯彻全国高校思想政治工作会议精神和中共中央、国务院《关于加强和改进新形势下高校思想政治工作的意见》，规范高校思想政治工作专项资金管理，提高资金使用效益，推进高校思想政治工作质量提升。

高校思想政治工作专项资金由中央财政安排，列入教育部部门预算，资金使用方向包括：面向全国高校开展学习宣传贯彻习近平新时代中国特色社会主义思想各项活动，实施社会主义核心价值观宣传教育；具有全国影响的高校思想政治工作先进模范、优秀典型的培育选树；高校思想政治工作骨干队伍的国家级示范培训；凝练推广高校弘扬中华优秀传统文化、营造积极健康校园文化的优秀经验和做法；开展高校思想政治工作理论研究、实践探索、研讨交流；鼓励生产、创新、推广高校思想政治工作优秀案例、作品、成果，建设相关网络育人平台和载体；维护高校安全稳定等。

（二）辅导员队伍规模不断壮大

2022 年 3 月 17 日，教育部举行新闻发布会，教育部思想政治工作司副司长张文斌在会上介绍，截至目前，全国高校专兼职辅导员达 24.08 万人，比 2019 年增加了约 5.2 万人，师生比实现从 1∶205 到 1∶171 的配置，31 个省（区、市）辅导员配备实现整体达标。整体来看，辅导员人数配备已基本达到国家要求，专职为主、专兼结合的辅导员队伍架构已基本形成。从学历层次看，高校辅导员以硕士学历为主，且硕士及以上学历所占比例呈逐年升高态势。辅导员岗位吸引力不断增强,来源更加多样,性别比例、年龄结构、发展梯次更趋合理,专业技术职务、队伍学历层次和政治素质不断提升。各地各高校积极搭建辅导员发挥作用、施展抱负的平台,努力实现"工作有条件、干事有平台、发展有空间、待遇有保障",调动了广大辅导员工作的积极性。

(三)辅导员职业能力内涵标准更加明确

2014年,教育部印发《高等学校辅导员职业能力标准(暂行)》,提出高校辅导员是履行高校学生工作职责的专业人员,要经过系统的培养与培训,具有良好的职业道德,掌握系统的专业知识和专业技能;提出将辅导员分为初级、中级、高级三个等级,并从职业功能、工作内容、能力要求、相关理论及知识四个方面对不同等级提出要求。这一文件的出台,进一步丰富了辅导员工作的专业内涵,引导辅导员系统学习职业相关理论知识、法律法规、政策制度等,为辅导员主动提升专业素养和职业能力指明了路径和方向;进一步强化了辅导员队伍建设的政策导向,为各级部门推进辅导员队伍建设提供了基本依据,推动各级部门进一步制定完善辅导员队伍准入、考核、培养、发展和退出机制;进一步规范了辅导员的工作范畴,明晰了辅导员的岗位职责和工作边界,为深入推动和加强辅导员队伍建设提供了重要的政策支持。

(四)辅导员队伍培训和研修力度不断加强

2006年,教育部印发《2006—2010年普通高等学校辅导员培训计划》,明确了辅导员培训的指导思想、培训原则、培训目标和保障措施,并从八个方面设计了培训任务。

2007年,教育部先后在全国21个地方设立辅导员培训和研修基地,逐步建立起分层次、分类别、多渠道、多形式、重实效的培训格局。依托教育部高校辅导员培训研修基地和有关高校,每年举办全国高校辅导员示范培训班。

2008年到2010年,全国高校辅导员研究会成立,《高校辅导员》《高校辅导员学刊》相继创刊,同时教育部人文社科专项开始设立思想政治教育专项和辅导员专项。定期举办辅导员工作创新论坛，实施"辅导员工作精品项目"建设计划，出版辅导员工作研究相关丛书；强化辅导员队伍基层实践锻炼，选派辅导员参加志愿服务西部计划和援藏援疆援青干部人才计划。招收优秀辅导员在职攻读思想政治教育专业博士学位，选派优秀学生工作干部赴海外高校访学研修。

  2013年，教育部印发《普通高等学校辅导员培训规划（2013—2017年）》，新增了"培训内容"的规定，并从思想政治教育、专业素养提升和职业能力培养等三个方面进行阐述，同时强调了辅导员培训的质量监控。

  2023年，教育部办公厅发出了《关于做好2023年高校思想政治工作队伍培训研修中心重点建设工作的通知》，通知聚焦辅导员主要职责，强化培养目标引领。指出：一是要分群体实施精准培训。针对新入职群体，主要为工作年限1~3年的辅导员。帮助此类辅导员掌握基本职业技能和专业素养，熟悉高校辅导员工作流程，能够胜任辅导员主要工作职责。针对有一定工作基础的群体，主要为工作年限4~8年的辅导员。帮助此类辅导员在达到职业化基本素质的前提下，积极探索形成工作特色，拥有较强的研究能力，积累一定理论和实践成果，促进专业化发展。针对有较为丰富工作经验的群体，主要为工作年限8年以上的辅导员。帮助此类辅导员自觉将思政实践经验总结归纳为理论规律，成为大学生思想政治教育某一方面的行家里手，不断向专家化要求迈进。二是要完善多层次培训体系。依托"部、省、校"三级培训平台，发挥各类培训优势。重点组织国家级示范培训，由教育部思想政治工作司统筹，全国范围内组织开展示范培训。有力推进省级特色培训，由省级教育行政部门结合各地实际，打造区域性特色培训，全省（区、市）范围内分批组织高校辅导员骨干培训与新入职辅导员培训，指导各校制订"一校一策"培训计划。全覆盖开展校级基础培训，由高校自主组织，参照中心校级培训方案和课程模块，结合本校学科特色与学生特点，分层组织开展贴合实际、务实管用的全覆盖培训。加大高等职业院校和民办高校辅导员培训力度，发掘少数民族高校辅导员特色培训资源，组织实施系列培训。

（五）辅导员队伍职业认同感进一步提升

职业认同既是一种过程，也是一种状态。作为高等学校思想政治教育骨干力量的辅导员，正确的职业定位，高度的职业认同，是高校辅导员的专业化、职业化发展的重要基础。2008年启动全国高校辅导员年度人物评选；2012年凝练并发布了辅导员誓词；2013年5月4日，习近平总书记亲切接见了第五届全国辅导员年度人物；2016年1月至2021年12月，5年来共遴选产生了30名最美高校辅导员和70名高校辅导员年度人物。调查显示，约95%的学生对辅导员等思想政治工作队伍表示满意。通过政策支持和宣传举措，不断扩大高校辅导员社会正面舆论影响力，提升了辅导员队伍的职业认同感。

三、高校辅导员高质量发展的困境

（一）辅导员自身缺乏身份认同感

经访谈发现，大部分辅导员认为他们在学校中的地位较低或很低，得不到身份认同。尽管国家政策层面一直强调重视辅导员，高校也一再申明辅导员既是教师又是管理干部，但在实际待遇上，辅导员既不如教师，也不如管理干部，高校对辅导员的定位更接近于"高级保姆"。高校认为辅导员应当是"救火队""消防员"，应当承担学生事务的全部工作和责任，且具有很强的可替代性，在此背景下，辅导员普遍缺乏身份认同。

（二）辅导员工作缺乏职责界限感

教育部43号令第5条规定辅导员的主要工作职责有九项：思想理论教育和价值引领、党团和班级建设、学风建设、学生日常事务管理、心理健康教育与咨询工作、网络思想政治教育、校园危机事件应对、职业规划与就业创业指导、理论和实践研究。但在实践中，凡是与学生相关的事情都是辅导员的工作，工作中功能定位极不清晰。辅导员呈"保姆式"发展，手机必须24小时开机，随时待命。一旦没有接到重要电话，都可归入辅导员责任事故。学生发生的问题都是辅导员的责任，辅导员职责没有界限，义务没有边界。

辅导员平时处理日常琐事已经耗费大量精力，维稳又是一把利剑高悬在辅导员头上，特别是一些重要的时间节点、学生的一些突发事件，使得辅导员精神高度紧张，压力巨大。由于职责不清，辅导员最核心的用于思想理论教育和价值引领的时间被日常事务和维稳挤占。缺乏职责界限感，大情小事都需要辅导员一手抓，辅导员职业功能产生了严重错位。

（三）辅导员工作缺乏职业成就感

成就感是辅导员对于工作上的成功带来的满足和骄傲的感觉，是辅导员自我角色期待和自我职业发展意识的来源。成就感是辅导员职业化发展的情感需求，是促使辅导员积极工作的情感动机。辅导员由于工作内容琐碎、工作效益无法体现、工作周期长、成效反馈滞后，容易产生付出和回报不成正比的消极感觉。辅导员投入大量的时间和精力，但在学生身上没有显见的成效。在学生层面，学生一般不会将辅导员与专业课教师同等对待，在学生内心深处认为辅导员要逊色于专业课教师。而在管理层面，一味强调辅导员责任，口头上重视辅导员队伍，实际上却忽视对辅导员队伍的关心、支持和培养。上得不到关心，下得不到支持，导致辅导员普遍缺乏职业成就感。缺乏成就感，工作压力大，工作内容没有技术含量且风险高，这些因素压垮了辅导员的职业信心，部分人把辅导员工作作为跳板，当成"过渡性"职业，以转到其他岗位为最终目的，无从实现辅导员的职业化、专业化发展。

（四）辅导员相关政策缺乏贯彻力度

教育部43号令规定了辅导员的九大工作职责。但在实际执行过程中，辅导员工作职责已经大幅度走样，高校普遍存在着"学生的事情都是辅导员的事情"的认知，政策贯彻中的偏差影响了辅导员的职业化、专业化发展。在实际工作中，辅导员经常会被安排承担其他工作，比如兼任教学秘书、兼任团委书记、兼任各种专委等。在高校，辅导员队伍是随时可随意调动的队伍，号称辅导员队伍"召之即来，来之即战"，这样的理念也反映出辅导员工作职责不明，权责不清。辅导员随时都要接受学校的各级党政管理职能部门或者本院系布置的额外事务。辅导员群体成了学生的"保姆"、随时随地为学生服务，是学校的"砖头"，哪里需要就往哪里搬。在实际工作中，高校往往会忽略政策规定，忽视辅导员职责范畴，将辅导员当成"万金油"，导致辅导员整天忙于管理事务。事情多、压力大、没有成就感使辅导员不愿意把辅导员工作当成事业，影响了职业化发展。没有边界的工作占据了辅导员的大量时间，从而没有时间去学习和提升，影响了辅导员的专业化发展。

（五）辅导员职业缺乏发展空间

教育部43号令明确要求高校要落实辅导员"双线"晋升，以推动辅导员职业化、专业化建设和发展。再次重申辅导员教师和管理干部的双重身份，辅导员对于自身发展可以进行选择，在职称或职级两条道路上择其一发展，双线晋升。但实际上，各高校在执行辅导员"双线"晋升政策上力度不一。部分高校在辅导员职级晋升上严格控制，辅导员走职级晋升的可能性非常小，大部分辅导员只能走职称评聘道路，而职称评聘对课时和科研的要求较高。一名辅导员如果专心工作，将耗费大量的心力在工作上、在学生身上，不会有更多的时间来做科研。而且，很多项目和课题，辅导员并没有资格申报。辅导员一是没有时间做科研，就算有时间做科研，给予辅导员的项目或课题机会也不多。还有课时量的问题，辅导员评聘职称同样要求课时量，而现实情况是，很多辅导员根本没有机会去上课。大学生就业指导、心理健康教育等课程，都由专门的教研室管理，而这些教研室并没有对每一个辅导员开放，所以课时量也是辅导员职称评聘的一个难题。"双线"晋升，看似两条路可选，实则每条路都困难重重。

四、高校辅导员高质量发展的路径

（一）高校辅导员职业化发展

1.高校辅导员职业化发展的内涵

职业是参与社会分工，利用专门的知识和技能，为社会创造物质财富和精神财富，获取合理报酬，作为物质生活来源，并满足精神需求的工作。所谓职业化，就是一种工作状态的标准化、规范化和制度化，即要求人们把社会或组织交代下来的岗位职责，专业地完成到最佳，准确扮演好自己的工作角色。一个普通的职业向职业化发展要经历较长时期的发展过程。

高校辅导员职业化是指高校辅导员工作是一种被社会认可的长期的专门的职业，有着自身不可替代的职业要求，并在辅导员职业的准入、选拔、培训、评价、激励上有健全完善的管理机制。高校辅导员职业化发展的内涵包括以下几个方面：

一是将辅导员作为高校从业人员中的一种工作分工。

二是具备职业要求的专业知识与技能。作为高校辅导员，具备扎实的专业知识和技能是职业化发展的基础。辅导员应熟悉本学科领域的最新研究成果和教学方法，掌握思想政治教育、价值引领、心理咨询、职业规划、学业指导等方面的专业知识和技能。

三是具备职业要求的教育理念与职业操守。辅导员应坚持以学生为中心的教育理念，关注学生的全面发展和个性差异。同时，辅导员还应具备良好的职业操守，遵循职业道德规范，秉持公正、客观、负责的态度对待学生的需求和问题。

四是具备职业认同与社会责任。辅导员应具备对辅导员职业的认同感和自豪感，树立正确的职业身份认知，认识到自己的工作对学生和社会的重要性。把辅导员工作作为一种事业，长期从事且兼具情怀，把辅导员工作作为人生的事业来奋斗。同时，辅导员还应承担起社会责任，关注学生的成长和发展，积极参与学校和社会的各项教育活动，为学生的发展和社会的进步做出贡献。

五是具备职业发展与评价体系。应具备高校辅导员职业发展与评价体系，建立起相应的职业发展通道和晋升机制，同时还应建立科学、公正、透明的辅导员绩效评价体系，为辅导员的职业发展提供参考和支持。

高校辅导员的职业化发展也必定不是在短期内就能实现的。与其他职业岗位相比，高校辅导员岗位工作具有高度综合性的特点，这给专业化规范体系的建设带来很大挑战。例如，由于受长期以来形成的"大包干"式的工作模式影响，导致辅导员工作岗位职责的界定仍有不少模糊性，辅导员在实际工作中经常遇到权利的有限性和责任的无限性的矛盾，这给辅导员的业绩考核带来相当大的困难。同时，辅导员职业化发展的逻辑前提是其职业的特殊性，这种特殊性是独立的职业地位建立与形成的客观依据。这就要求在辅导员的选聘、培养、考核、晋升等各个环节都应体现这种特殊性。从辅导员的晋升制度来说，其基础环节是建立独立的、规范的岗位能力评价标准和独立的职务晋升系列。

2. 高校辅导员职业化发展的条件

（1）专业的成熟度和分化度。专业成熟度和分化度是指专业是否已经成熟，是否已经独立于相关专业而实现差异化，其中包括专业知识和技能的成熟度，这是职业化的重要基础条件。作为一种专门的职业或专业，专业知识和技能的成熟是专业化的重要标志，这在医生、律师等职业中都可以看到。就高校辅导员而言，专业成熟度包括在大学生思想政治教育、学业指导、班级建设、心理健康教育、日常管理、突发事件处理等方面形成系统成熟的专业理论与技能体系。专业成熟度和分化度另一个重要表现方面是专业组织和制度的成熟，要形成自律与管理的专业性组织，作为沟通、管理、促进专业发展、维护从业者权益的平台。作为一个专门的职业，还必须有一套相应的、稳定的、被从业人员广泛接受的制度规范体系。此外，还要有专业的精神水平。专业的精神水平是指从业者在长期的专业实践中共同创造的特有的专业文化，包括职业态度、职业意识、职业道德和职业理想，核心是职业价值观。这种良好的职业价值观能够激励从业者以献身的精神投入专业工作，不断提高专业化的水准，从而优化专业服务工作。

（2）专业的社会吸引力。职业具有社会性的特征，职业是满足社会需要，能为社会提供不可替代的专业性服务的生涯活动。职业社会学研究认为，职业化是一个普通的职业群体朝向较高社会地位、职业声望及经济利益发展的动态过程。当职业发展到专业水平时，就意味着该职业群体不仅发展出了一套专门的知识和技能，还拥有专业的职业伦理和道德规范，并且在社会结构中享有较高的地位，能够吸引人才向其流动。专业的社会吸引力包括：第一，社会地位。有为才能有位，专门性的职业具有专门性的职责，能够满足社会专门性的需要，从而获得相应的社会地位。因此，社会地位应是职业"合法性"的依据。第二，社会声望。社会地位是职业的重要性判断，而社会声望往往是职业的影响力判断。社会声望往往是一个职业群体综合状态的反映，包括知识与技能水平，更包括精神与道德水准。第三，经济收入。职业是从业者作为一种主要生活来源的活动。经济收入水平是职业的社会地位、社会声望的反映，同时也是职业发展的重要保证。如果从事一个职业不能使人过上体面的生活，就不能有效地吸引大批优秀从业者进入这个职业，职业的发展自然会受到限制。

3. 高校辅导员职业化发展的路径

（1）增强辅导员职业认同。辅导员职业认同是对辅导员这一职业的认知、情感、赞同和信念。辅导员职业认同意味着愿意长期从事辅导员工作，这是推进辅导员职业化发展的前提条件。如果并不认同辅导员这一职业，一般都会选择离开辅导员队伍，则无从谈及职业化发展。因此，增强辅导员职业认同对辅导员队伍长效发展具有重要意义。要增强辅导员职业认同，就要摒弃制约辅导员职业化发展的不利因素，但是现实中还是有一些不利因素制约了辅导员的职业认同。比如在工作中，相关部门对辅导员定位不准确，还有一些辅导员因编制问题而没有归属感。高校辅导员要走职业化发展路径，亟须摒弃不利因素，增强辅导员职业认同。

一是明确职业定位。高校辅导员应明确自己的职业定位，认清自己的角色和责任。辅导员是高校教育教学工作的重要组成部分，是学生成长和发展的引导者和支持者。辅导员应该意识到自己的工作对学生的重要性，并且愿意为学生的成长和发展贡献力量。高校管理者要摒弃辅导员"勤杂工""保姆"等角色，将辅导员队伍建设纳入战略发展规划，充分认识到辅导员对教学、科研工作的重要性和辅助性，为辅导员职业化发展提供平台。

二是了解教育理念和目标。高校辅导员要了解并接受现代教育理念和目标。现代教育强调个性化发展、全面素质培养和创新能力培养，辅导员应该认同并致力于实现这些教育目标。辅导员要关注学生的个体差异，尊重学生的发展需求，通过个性化的辅导和指导，帮助学生实现自己的成长目标。

三是提升专业能力和素质。强化辅导员能力培养，注重提升辅导员自身素质、专业知识和工作能力，增强辅导员信心，认为自己适合并擅长从事辅导员工作，这是强化辅导员职业认同感的基础。高校辅导员要不断提升自己的专业能力和素质，以提高自身的职业认同感。辅导员可以通过参加培训、学习进修、参与学术研究等方式，不断学习和更新自己的知识和技能。辅导员还可以通过参与学术组织、发表论文、参与项目研究等方式,提升自己的学术能力和职业地位。

四是建立职业发展规划。高校辅导员可以建立职业发展规划,明确自己的职业目标和发展路径。可以制定长期和短期的职业目标,明确自己的发展方向和重点。辅导员还可以制订相应的职业发展计划,包括学习和培训计划、实践和经验积累计划等,有针对性地提升自己的专业素养。

五是参与职业发展和评价。高校辅导员要积极参与职业发展和评价,不断进步和提高。辅导员应当参加年度绩效考核,可以参加职称评定、岗位晋升等活动,通过评价和反馈,了解自己的工作表现和不足之处,提出改进方案,促进职业进步和发展。

六是摒除职业发展不利因素。高校要全心全意关心辅导员的生活,解决辅导员的实际问题,摒除辅导员职业化发展的不利因素。特别是对合同制辅导员,要在他们的工作生活中给予平等的机会,增强他们的安全感,从政策、待遇等方面着手,提升合同制辅导员的安全感、积极性和主动性,稳步提升辅导员的地位和待遇,帮助辅导员建立良好的职业认同感。

(2)坚守辅导员职业道德。高校辅导员应当坚守职业道德,为学生的成长和发展提供真诚的帮助和支持。同时,坚守职业道德也将提升辅导员的职业声誉和社会形象,推动辅导员的职业发展和成长。

一是有爱心。高校辅导员要关心、关爱学生,以学生为中心,尊重学生的个性和需求。要耐心倾听学生的困惑和问题,给予积极的心理支持和鼓励,帮助他们解决困难和压力。

二是有责任心。高校辅导员要认真履行自己的职责,积极参与学生的学业指导、生涯规划和心理辅导等工作。要关注学生的全面发展,帮助他们树立正确的世界观、人生观和价值观。

三是有知识和能力。高校辅导员要具备专业的知识和技能,不断学习和提升自己的专业水平。要了解学生的学科特点和发展需求,能够给予他们准确的学术指导和专业建议。

四是有榜样作用。高校辅导员要以身作则,做学生的榜样。要注重自身修养和职业道德,保持良好的师德师风,与学生保持良好的师生关系。同时，要积极参与学校的教育教学改革和学科建设，为学生提供更好的学习环境和资源。

五是尊重学生权益。高校辅导员要尊重学生的权益，保护学生的隐私信息，不泄露学生的隐私。辅导员还应该尊重学生的意愿和选择，不强加自己的观点和决策，而是帮助学生进行自主决策和解决问题。

六是坚持公正公平。高校辅导员要公正公平地对待每一位学生，不偏袒、不歧视。辅导员应该坚持公正的原则，不因个人情感或其他因素对学生进行偏袒或歧视。辅导员还应该客观地评价学生的表现和能力，不做虚假夸大或贬低的评价，为学生提供真实的反馈和建议。

七是保持职业操守。高校辅导员要保持良好的职业操守，不利用职务之便谋取私利。不接受学生或他人的财物或礼物，不利用职务之便谋取不正当利益。辅导员还应该遵守学校的规章制度，不违反学校的管理规定。

（3）完善辅导员工作保健因素。双因素理论又叫激励保健理论，是美国心理学家弗雷德里克·赫茨伯格提出的。赫茨伯格研究了成员的工作态度，把成员的工作态度分为四种状态：满意、没有不满意、没有满意、不满意。他认为在满意和不满意之间还有没有不满意和没有满意两种状态。消除工作中的不满意因素并不一定能使工作的结果令人满意，还有可能是没有不满意或者没有满意。双因素理论将促进人们积极工作的动机分为保健因素和激励因素，从心理学和管理学的角度出发，认为只有激励因素才能够给人们带来满意感，而保健因素的满足只是消除人们的不满，人们可能是没有不满意或者没有满意两种状态，而不是满意状态。所谓保健因素，主要是与工作相关的外部因素，包括组织的具体政策、管理方式、工作环境、薪资福利、安全状况、人际关系等方面。保健因素只是工作的基本条件，当保健因素都达不到人们合理的期望水平时，就成为消极因素，会让成员对工作产生不满意。但即使具备了这些因素，也只是形成了一种既不是满意、又不是不满意的状态，它是一种没有不满意的态度，与满意的积极态度还有距离。完善保健因素，是辅导员职业化发展的基础。

①加强环境建设，提高辅导员社会地位。辅导员的环境建设可以分为社会环境、工作环境、人际环境、生活环境建设四个方面。提高辅导员社会地

位，促进社会环境建设，即是党和国家要重视辅导员队伍的建设，从制度和政策层面给予辅导员保障和鼓励，使辅导员开展工作和获得发展有据可依。促进工作环境建设，即是高校要为辅导员开展工作提供必要的办公场地和办公设备，还应当有一些专属的场所，比如谈心谈话的场所、召开班会与年级大会的场地等。如果有条件，还可以提供辅导员情绪"宣泄室"，方便疏导辅导员自身不良情绪。促进人际环境建设，是指在全员育人的背景下高校的全体教职成员都要担负育人的责任，辅导员作为高校育人队伍里的先锋和骨干，其他教职成员应当尽力支持辅导员的工作，形成全员育人的局面。同时要提供辅导员群体交流互助的机会，比如定期开展辅导员沙龙，组织辅导员联欢活动等，让辅导员群体团结、互助、互相关心。促进生活环境建设，则是要关心辅导员的家庭生活，对于辅导员的生活困难，要给予理解和帮助、积极关心，让辅导员感受到集体的温暖和力量，从而更安心于本职工作。

②严格执行政策，明确辅导员工作职责。严格贯彻执行教育部43号令的规定，辅导员承担九大工作职责。摒弃对辅导员"保姆""砖头""万金油"的认知，明确辅导员工作界限，实现权责分明，让辅导员把更多的时间用在大学生思想政治教育和价值引领之上，用专业的知识和技术助力学生发展，真正成为引领学生成长成才的人生导师和知心朋友。

③深化绩效考核，给予辅导员成长空间。高校辅导员绩效考核能够促进辅导员工作质量的提升、提供职业目标和建立自律机制，不断提升自身职业素养和专业技能，以推动高校辅导员队伍的全面发展和提高思想政治工作质量。

④建立绩效工资制，给予辅导员合理薪酬。辅导员应建立绩效工资，充分发挥薪酬保健和激励作用。辅导员首先要获得公平的工资待遇，不能无故克扣，确保实现工资的保健因素功能。同时要以辅导员绩效考核结果为依据，根据辅导员工作业绩的不同，体现不同的绩效工资。并可设置不同项目的奖金津贴，奖励在关键事件中有突出贡献的辅导员，最大限度地发挥薪酬的激励作用。

⑤完善职业培训体系，为职业发展提供智力支持。要进一步探索完善辅导员的职业培训体系，尤其要注重辅导员职后培训体系的构建。辅导员的职

后培训体系是辅导员职业化提升的支持系统,相对于职前的学科专业培养而言,职后培训更有针对性。特别是在岗系统培训,对于持续提升辅导员的职业化水平具有重要的推进功能。因此,必须高度重视辅导员职后培训体系建设,形成系统的辅导员培训模式,为辅导员的职业提升提供保障。职业培训可以通过多种方式进行,包括培训班、研讨会、学习交流等形式。

(4)健全辅导员工作激励因素。双因素理论的另一类叫激励因素,是指和工作内容相关的积极情感因素,包括尊重、认可、责任、成就和发展等积极因素。激励因素有利于增加人的满意度,如果具备了这些因素,就可以提高人们的工作积极性,达到满意的状态,但没有这些因素也不会导致不满意。高校应加大激励力度,注重关怀激励,不断提升辅导员职业认同度和归属感。

①建立职称评聘单列制度。高校要根据辅导员的工作表现和业绩,评定其职称等级,为其提供晋升的机会和平台。辅导员的工作性质、工作内容、工作要求与高校专任教师不尽相同,在职称评聘上应该单列,用好职称评聘导向,促进辅导员队伍的职业化发展。

②提供职业发展机会。高校要为辅导员提供职业发展的机会,例如参与学术研究和项目管理等,帮助辅导员提升职业水平。鼓励辅导员参与岗位竞聘,在同等条件下优先选用,增加辅导员职业吸引力。

③建立多元奖励机制。高校要建立多种多样的奖励机制,对辅导员在工作中的杰出表现予以认可和奖励,鼓励他们积极投入工作并取得优异成绩。高校可结合实际情况建立辅导员单独表彰体系并将优秀辅导员表彰奖励纳入各级教师、教育工作者表彰奖励体系中。以"最美辅导员、优秀辅导员、辅导员名师工作室、辅导员年度人物"为项目,加强辅导员标杆奖励和选树培育。

④提供心理健康支持。高校应关注辅导员的心理健康状况,提供相应的心理健康支持和咨询服务,确保他们能够保持良好的心理状态。

⑤激发职业内在动机。职业动机是指个体在工作中追求、实现和满足自身需要和目标的内在驱动力。它可以激发个体的积极性和动力,促使其投入工作并取得优异表现。职业动机包括对工作内容的兴趣和挑战、对个人成长

和发展的追求、对工作成果和成就感的渴望等。通过激发职业动机，个体可以更好地适应和应对工作中的挑战，提高工作满意度和绩效表现。辅导员的职业内在动机是最本质、最深厚、最根植于职业态度与行为的动机，包括对教育事业的热爱、对培养德智体美劳全面发展的学生的初心等。[1]高校辅导员招聘应当考察应聘人员的职业动机，选聘认同、热爱辅导员工作的人进入辅导员队伍。同时，为辅导员职业发展提供良好的空间，让热爱辅导员工作的人有出路、有目标、有干劲，辅导员愿意以辅导员工作为职业，并将之作为事业，为辅导员职业化发展奠定坚实的思想基础。

（5）培育职业文化。建立完善的具有影响力的职业团体组织，形成独特的精神与文化系统是职业化的重要标志。要采取有效措施着力培育职业文化。高校辅导员职业群体的职业精神建构和职业文化培育，对于推进辅导员的职业化具有重要意义，它是辅导员职业化发展的价值支持。要以社会主义核心价值体系为指导，认真总结和弘扬高校辅导员制度建立以来，特别是改革开放以来辅导员在大学生教育管理与服务的实践中所展现出来的政治信念、理想追求、敬业精神和道德风范，这是辅导员职业精神培育的宝贵价值资源；要通过研究制定高校辅导员职业标准、高校辅导员工作规范、高校辅导员守则等，完善辅导员职业行为规范体系，形成辅导员共同的职业伦理标准；要通过树立典型和表彰优秀辅导员等形式，引导高校辅导员践行社会主义核心价值体系，逐渐积淀、形成良好的职业文化，为辅导员的职业化发展提供精神动力和价值支持。

要着力建设辅导员共有的交流体系，打造辅导员职业文化，明确辅导员职业使命，建立起辅导员职业的认同，凝心聚力发展，最终获得职业尊重。首先要明确辅导员的职业使命，并将使命感时刻融入工作当中，兢兢业业。其次要营造职业文化，通过"优秀辅导员""辅导员年度人物"等事迹宣传，扩大辅导员职业影响力；通过辅导员沙龙、辅导员团建等形式，提升辅导员队伍活力，让辅导员职业文化成为高校的特色文化之一。最后要加强理论研究，推进辅导员职业文化研究，提高辅导员工作的学术内涵，获得职业

---

[1] 赵海丰、王珊、王井云：《高校辅导员职业价值观的现状、问题与对策分析——基于辽宁省10所高校的调查》，载《高校辅导员学刊》2013年第5期。

尊重。

（二）高校辅导员专业化发展

1.高校辅导员专业化发展的内涵

专业是指人类社会科学技术进步、生活生产实践中，用来描述职业生涯某一阶段、某一人群，用来谋生，长时期从事的具体业务作业规范。专业划分的基本依据则是生产劳动所凭借的知识领域或学科门类。专业化是对职业或工作知识性、技术性的要求，是对该职业、工作的复杂性、创造性的肯定。

高校辅导员专业化发展是指辅导员在职业发展过程中，通过不断提升专业素养、拓展职业能力、恪守专业伦理，并在教育实践中发挥专业专长，为学生提供全面的支持和指导，促进学生的全面发展和成长。高校辅导员专业化发展的内涵包括以下几个方面：

（1）从理论层面来看，具备扎实的专业知识与学科素养。作为高校辅导员，具备扎实的专业知识和学科素养是专业化发展的基础。辅导员应该具备马克思主义理论、教育学、心理学、管理学等相关学科的知识，了解学生的发展特点和需求，以便为他们提供有针对性的支持和指导。此外，辅导员还应不断学习和更新自己的专业知识，跟进学科领域的最新研究成果和发展动态，以提高自身的学科素养。

（2）从实践层面来看，具备从事辅导员工作所需的各种实践能力，如管理能力、开展党团活动建设能力、心理咨询与辅导技能、职业规划和生涯发展技能等。

（3）从自身能力层面来看，一是具备与辅导员工作相适应的能力，如语言表达能力、倾听能力、文字表达能力、组织协调能力、领导能力等。二是具备专业伦理与职业操守。辅导员应该具备高度的职业责任感和道德素养，恪守职业道德准则，保护学生的权益和隐私。坚持以学生为中心的原则，尊重学生的个体差异和多样性。

（4）辅导员的专业化是全面的专业化。辅导员不仅要具备辅导员工作所要求的知识和能力，主要是学生管理和服务所需要的知识和能力，而且要求辅导员在所从事工作中的某一领域专业化发展，比如在思想政治教育领域深入研究，在资助管理领域深入发展，成为学生服务和管理某一领域的行家，甚至达到专家化水平。

（5）辅导员专业化的实质是辅导员工作的科学化、专业化和专家化。科学化是指认识和尊重辅导员从事思想政治教育工作的内在规律，努力做到有的放矢。专业化是指辅导员对大学生的教育有其独特的要求，包括辅导员必须具备特定的资格和素质，经过专门的培训才能胜任工作。要客观地履行辅导员的基本职责，就必须有专门人才。他们应精通思想政治教育的理论和规律，具有丰富的工作经验和较高的教育艺术。辅导员还应该能够像高校的其他专业教师一样，培养成长为专家且最终能够涌现出一批这样的专家。

长期以来，高校辅导员无论从名称还是从实际所从事的工作性质都属于党务工作者，后来提出"是教师队伍的组成部分"。到目前为止，辅导员还不能被称为专业技术人员。一是从辅导员的来源看，专业背景很杂；二是从实际工作和承担的角色看，辅导员的大部分时间和主要精力从事的是学生的日常事务管理；三是从工作的稳定性、连续性看，辅导员普遍"从业"时间短，流动性大，难以进行长期、持续的专业学习和发展。辅导员的专业化，正是希望辅导员能从事务型、管制型的工作模式中摆脱出来，把主要时间和精力转到对大学生的思想政治教育上来，并通过不断提高教育的科学性、艺术性，增强教育的说服力、感染力，提高思想政治教育的成效。

2. 高校辅导员专业化发展的条件

（1）具备专业知识和技能。辅导员需要具备扎实的心理学、教育学等相关学科的知识，以及辅导技能和方法，能够有效地开展学生工作。

（2）具备职业素养和职业道德。辅导员需要具备高度的职业操守和道德规范，能够保护学生的隐私和权益，并具备良好的沟通、倾听和解决问题的能力。

（3）具备综合能力和跨学科合作能力。辅导员需要具备较强的综合能力，能够处理各种复杂的学生问题，同时还需要与教师、家长、学校管理人员等多方面进行合作，形成教育共同体。

（4）能够持续学习促进专业发展。辅导员需要不断学习和更新自己的知识和技能，参加相关的培训和研讨会，积极参与学术研究和专业交流，提升自己的专业水平。

（5）具有良好的工作环境和政策支持。高校需要提供良好的工作环境和支持，包括合理的工作时间安排、充足的资源和设施，以及相关的政策支持和职业发展机会。

只有在具备这些条件的基础上，高校辅导员才能够实现专业化的发展，更好地为学生提供全面的辅导和支持。

3. 高校辅导员专业化发展的路径

（1）开展专业化建设。专业化建设是培养高质量专业化高校辅导员的基础工程，可以探索采取三种方式：一是在学科中开展专业化建设。高校辅导员专业化建设贯通从本科到硕士、博士研究生培养的整个过程，逐渐探索规范高校辅导员硕士、博士研究生阶段的培养。目前有关高校分别依托马克思主义理论、管理学、心理学、社会学等相关学科平台培养高质量辅导员的做法已经成熟，但要加强实践跟踪考察，不断总结经验。特别是要彰显辅导员岗位要求的实践特色，形成具有我国高校自身特色的高质量辅导员的学科专业培养模式。

二是在培训中开展专业化建设。辅导员培训基地将辅导员相关学科专业教育纳入培训基地专业支持平台，按照辅导员的职业要求进行专业培训，打牢辅导员的专业基础。

三是在工作中开展专业化建设。高校辅导员工作具有高度综合性，要开展专业化建设，体现专业性，就必须对高校辅导员工作进行专业细分，即有的是思想理论教育、班级管理和党团建设的专家，有的是心理健康教育的专家，有的是生涯规划和就业指导的专家，有的是学生群体危机管理方面的专家等等。换言之，即以辅导员个体的专业性和群体的综合性来满足大学生成长的多样化需求。

要建立"一横多纵"的辅导员工作机制。"一横多纵"，即一方面对于规定数量的学生群体，设立责任辅导员，在横向上明晰责任主体；另一方面，依托相关的专业辅导员共同完成对学生的思想教育、日常管理、心理咨询、生涯规划与指导等工作，在纵向上体现专业化的支撑，同时又以专业边界细化责任主体。这样对于一个院或系来说,优化的辅导员队伍结构应该是一个功能互补的专业团组。这种工作机制,既是对辅导员队伍专业化建设的适应,也是对专业化发展的推进机制。

(2)开展专业化培训。教育部令第43号《普通高等学校辅导员队伍建设规定》中明确规定高校要对辅导员开展系统培训。并对辅导员培训的级别和学时作出了明确规定,各高校应该制订辅导员培训计划,且标准不应该低于教育部43号令之规定:每一个专职辅导员每年要参加校级培训不少于16个学时,国家级和省部级培训要每5年参加1次。通过培训,对辅导员工作进行专业化建设。让辅导员根据自身的专业背景、兴趣、工作能力等,自行选取思想政治教育、心理咨询、就业指导、日常事务管理、党团建设、网络文化建设等方向,提供各种进修和培训机会,让他们通过理论和实践的积累,成为学生工作某一方面的专家,走向专业化建设的道路。

①岗前培训。岗前培训是辅导员就职开展工作的前提。万事开头难,尤其是做人的工作,没有给辅导员提供一套基本的辅导员工作入门操作程序,辅导员工作就会出现盲干、傻干、蛮干、乱干等无序状态。因此,在上岗前,要给辅导员教授相关的理论知识和工作技巧,传授科学的工作经验和工作方法,使辅导员在正式开展工作前做到胸中有数、心里有底、运筹有方、谋事有略、进退有度,避免因第一次工作的不如意而产生负面影响。

②在岗培训。以提高工作能力为主的在岗培训要全面、科学、有序、高效地做好学生工作,需要有较高素质的辅导员的倾心投入。在岗培训是辅导员不断学习、不断思考、不断实践和不断提升自我的重要途径,必须贯穿辅导员工作的全过程。一是要通过举办心理咨询、就业指导、社会工作等方面的专题讲座,有针对性地提升辅导员的专项技能;二是要通过举办各类学术研讨会来促进辅导员的理论研究水平的提高;三是要在抓好专项技能提升和理论研究水平提高的同时,抓好辅导员综合素质的提高。

在岗培训要从完全的讲授式和应试式的学习方式改变为集群式的学习方式,增强多学科和集群性的学习方式。问题学习法和诊断式学习法是高校辅导员在岗培训的主要学习方式。在岗培训有赖于教学组织的调整,要正确处理好"综合教育""学科专业"和"思想政治教育专业"三类课程的合理安排,并发挥各自的功能。要突出以提高高校辅导员的工作能力为主的特点,使之成为在岗培训的灵魂和主线。

在岗培训必须综合化,同时应当注意综合化中"政治性"丧失的问题。专业要求水准高不一定能够支持辅导员队伍的培养,也就是说并非专业成绩高分的学生就适合当辅导员,只有那些既有扎实专业知识,又有较高政治素质、综合能力的人才能担当起高校辅导员这一重要职责。因此,在高校辅导员在岗培训过程中,要重点研究思想政治教育专业和相关专业的专业设置、实践活动和技能发展问题,把包括思想政治素质和道德水平在内综合素质的培育作为高校辅导员在岗培训的重要问题来抓。

(3)提升专业素养。高校辅导员要不断提升自己的专业素养,以适应专业化建设的进程。

一是要不断学习与更新知识。高校辅导员要不断学习和更新自己的专业知识,参加相关的培训课程、学术研讨会和研究项目,了解最新的心理咨询和教育技术的发展动态。同时,辅导员还可以阅读相关的学术期刊和书籍,扩展自己的专业知识面。

二是要不断培养专业技能。高校辅导员要不断培养和提升自己的专业技能,可以参加辅导员专业培训课程,学习和掌握专业技能和方法。辅导员还可以通过实践和经验积累,不断提升自己的实际操作能力。

三是建立专业网络。高校辅导员要积极参与学术组织和专业网络,与同行进行交流和合作。可以参加学术研讨会、学术论坛和学术交流活动,与其他辅导员和专家学者进行学术交流和合作;还可以加入学术组织,参与学术研究项目,提升自己的学术声誉和专业地位。

(4)加强国际交流。其他国家高校的学生事务管理队伍专业化经历了漫长的历史演进过程,在人才的选聘、培养,特别是在学科专业以及培训体系、职业性团体建设等方面形成了一套行之有效的、系统的、规范的做法。这一方面给我们加强改进辅导员专业化建设的进路提供了国际参照,另一方面也给我们推进辅导员专业化发展提供了一定的借鉴。加强国际交流不意味着全盘照搬,我国高校辅导员工作与国外高校学生事务管理在基本理念、实践要求以及目标诉求上具有根本差异。我们要通过国际交流,合理吸收其他国家高校学生事务管理队伍建设的有益经验和做法，并结合我国高校学生教育管理的实际进行实践创造，探索并形成具有我国特色的高校辅导员专业化发展之路。

（5）优化退出机制。辅导员专业化建设，要注重辅导员队伍的合理化流动，完善人才进入和退出机制。但辅导员队伍的合理化流动，不能带有惩罚性质，所谓"优胜劣汰"，将一些辅导员淘汰出辅导员队伍。而是要充分了解辅导员队伍情况，促进辅导员队伍合理流动。高校管理者要从宏观的角度，结合实际情况进行科学设计，为辅导员提供有效的"退出"渠道，让辅导员可以通过岗位流动等方式退出辅导员队伍。如可根据辅导员的意愿和能力，让具备专任课教师资格，并愿意转入专业教师队伍的辅导员，转入教学岗。让更愿意从事行政管理工作的辅导员转入行政岗，在保持辅导员队伍整体稳定的同时，让真正热爱和擅长开展辅导员工作的人员留在辅导员队伍，促进辅导员专业化发展。

（三）职业化与专业化的关系

从辅导员职业化、专业化的关系上看，职业化是专业化的前提和基础。辅导员首先成为一种稳定的、可长期从事的职业，才谈得上专业化的问题。而专业化的过程也有助于辅导员职业的形成。特别是在高校，知识性、专业性是获得广泛认同的重要因素，专业和学科的支撑也因而是辅导员成为公认职业的一个重要条件。

高校辅导员职业化指的是岗位的外在要求，专业化建设指的是作为一个专业的内在规范。前者强调要建立与完善辅导员的准入、考核与退出制度，后者是这支队伍的人员的内在素质的规范性要求。[①] 冯刚在武汉理工大学调研辅导员队伍建设时指出，辅导员队伍的专业化建设、职业化发展的内涵包含以下七个方面：（1）有专业的团队；（2）知识和技能专业化；（3）有专属的工作领域；（4）有学术学科的支撑；（5）有专门的服务伦理课遵循；（6）有专门化的测试指标体系测试职业伦理；（7）有专门的教育培训设施。[②]

---

① 程慧、杨得华、程广强：《高校辅导员队伍职业化综述》，载《中国教师》2007年第S2期。
② 冯刚：《武汉理工大学辅导员建设专题报告会：沿着专业化建设、职业化发展的道路坚定地向前走》，武汉理工大学新闻经纬网，https://jingwei.whut.edu.cn/article/38612.html。

高校辅导员职业化和专业化相互联系，相互促进，相互影响。职业化是专业化的前提，只有将辅导员工作职业化，辅导员才愿意一直从事辅导员工作，并把它当成事业，才能保障辅导员队伍的专业化发展。专业化是职业化的体现，辅导员工作只有实现专业化，才能有独成体系的专业规范和内涵，才能体现辅导员工作职业化的特点。

（四）专家型辅导员培养

高校辅导员专家型培养模式是一种以专业化、学科化和综合能力提升为核心的培养模式。该模式旨在培养高质量的辅导员，使其具备专业素养、学科专长和综合能力，能够胜任高等教育领域的专业工作。高校辅导员专家型培养模式对于促进辅导员高质量发展的重要性不言而喻，能为高等教育的发展提供人才支持和保障。

1. 专家型辅导员的内涵释义

（1）专家型辅导员表现出积极稳定的职业动机和高度的自我效能感。他们能深刻理解辅导员的职业价值和范式，同时保持高度的职业和组织承诺。

（2）专家型辅导员具有丰富扎实的专业知识。专家型辅导员具有广博丰富的专业知识和实践经验，能够将自己的知识与实际情况相匹配，高效地解决问题。同时具备将知识以不同的视角进行运用和创新。

（3）专家型辅导员具有科学的思维能力。专家型辅导员建立起了系统思维、创新思维、辩证思维、互联网思维等高阶思维，克服了一般辅导员的思维局限性。

（4）专家型辅导员具有优秀的学术研究能力，具体表现在主持高水平的科研项目，发表高质量的论文和著作，拥有较高的学术职称等方面。

2. 专家型辅导员培养的重要性

（1）提升教育质量。高校辅导员专家型培养模式的实施能够提升教育质量。辅导员作为学生的成长导师和知心朋友，他们的专业水平和能力直接影响着学生的学习效果和成长发展。通过专家型培养模式，可以培养出高质量的辅导员团队，提供优质的学习支持和指导，为学生的全面发展创造良好的环境和条件。

（2）促进学生发展。高校辅导员专家型培养模式的目标是培养具备综合素质和专业能力强的辅导员，能够满足学生的多元化需求。辅导员通过专业知识、教学能力和研究能力的提升，能够更好地指导学生的学习方向、职业规划和心理发展，帮助他们实现员工成长和自我实现。高质量的辅导员将成为学生的良师益友，为他们的发展提供有力支持。

（3）推动学科建设。高校辅导员专家型培养模式的实施对学科建设具有积极的推动作用。辅导员不仅是学生的学习导师，也是学科领域的专家和学术研究者。通过研究能力的提升，辅导员能够积极参与学科建设和教育改革，为学科的发展提供独特的贡献。他们的研究成果和专业经验将丰富学科内涵，推动学科的深化和发展。

（4）增强高校竞争力。高校辅导员专家型培养模式的实施有助于提升高校的竞争力。在现代高等教育竞争激烈的背景下，拥有一支高素质、高水平的辅导员团队成为高校吸引优秀学生和教师的重要因素。高校辅导员专家型专业培养模式能够培养出具备学科专业化、教学能力强和研究能力强的辅导员，提升高校的整体实力和声誉，使其在激烈的竞争中占据优势地位。

（5）促进教育创新。高校辅导员专家型培养模式的推行可以促进教育创新。辅导员作为教育改革和创新的推动者，他们的专业能力和创新思维能够为教育领域注入新的活力和动力。通过专业培养模式的实施，辅导员将不断提升自身的专业素养和教学水平，积极探索适应时代需求的教育模式和方法，推动教育创新的不断发展。

3. 专家型辅导员培养的路径

（1）通过设立学位培养。按照中共中央、国务院《关于进一步加强和改进新形势下高校思想政治工作的意见》《普通高等学校辅导员队伍建设规定》的要求，教育部实施了高校思想政治工作骨干在职攻读博士学位专项计划。在博士研究生阶段，辅导员可以选择相关专业的博士研究生课程，如马克思主义理论、党史党建、心理学、管理学、国家安全学等相关专业等。此阶段的学生可以进行深入的研究，并选择一个与辅导员工作相关的课题进行研究。该计划旨在真正把热爱思想政治工作、有志于长期从事思想政治工作的骨干选拔出来。对于报考专项计划的专职辅导员，对其报名资格、就读期间及毕业后持续从事专职辅导员工作作出了年限要求。

（2）通过开展培训培养。首先，建立分层分类培训体系，针对综合工作年限和职业层级较高，处于职业发展高级阶段的辅导员，作为专家型辅导员培养的后备人才，培训形式应采取理论研修、专题研讨、实践考察、出国考察等形式；其次，培训内容则应侧重高阶思维的培养、科学研究能力及领导力的提升等；最后，将培训与培养、矫正、跟踪辅导结合起来，设置"辅导员督导"，重点解决专家型辅导员发展中的思想认识问题与实践难题。①

（3）通过科研训练培养。专家型辅导员需要具有高水平理论和实践能力。培养专家型辅导员尤其要注重高校辅导员的科研能力培养。

①提供科研培训。高校可以组织相关的科研培训或进修课程，帮助辅导员学习科研的基本方法和技巧，了解科研的整个过程，包括选题、文献综述、研究设计、数据收集和分析等。

②提升科研管理。高校应提升科研管理能力，帮助辅导员在科研过程中做好项目策划、预算管理、进度控制等。辅导员可以通过学习相关的管理知识和技巧，提升自己的科研管理能力，确保科研项目的顺利进行。

③组建科研团队。高校可帮助辅导员组建科研团队，辅导员也可以自行组建或者参与科研团队，通过团队合作，可以互相学习和交流，同时，合作研究也可以扩大研究领域和资源，提高科研成果的质量和影响力，提高科研效率和质量。

④鼓励科研产出。论文、专著、项目等是科研成果的重要形式，可以提高辅导员的学术声誉和影响力。辅导员可以积极申请各类科研项目，通过科研项目的支持，开展深入的科研工作；可以积极撰写论文或专著。对于高校辅导员的论文、专著、项目等可以产出，高校可给予物质或精神激励。

（4）通过绩效考核培养。以《深化新时代教育评价改革总体方案》为指导，探索推进辅导员专家化的考核机制。一是单列专家型辅导员的职责，使其聚焦理论研究、实践创新、带领队伍和培养人才为主责，并积极探索构建与之相适应的专家型辅导员绩效考核体系。根据考核结果予以奖励，激励其扎根学生工作事业不断深耕，持续发展。

---

① 袁诚琨：《新时代高校专家型辅导员的特征及其培养策略》，载《赤峰学院学报（汉文哲学社会科版）》2022年第9期。

（5）通过提供发展机会培养。可设立"正处级辅导员"或"教授级辅导员"岗位，为专家型辅导员提升晋升空间；可将专家型辅导员作为高校后备干部队伍重点培养对象，提升发展空间；可提供"优秀高校辅导员""高校辅导员年度人物""最美高校辅导员"等参选机会及高校辅导员职业能力素质大赛等参赛机会，激发辅导员成为专家型辅导员的内在动力。

五、结语

自新中国成立以来，党和国家高度重视大学生思想政治教育，以此设立了独具中国特色的辅导员制度。通过制定一系列文件，对辅导员的身份、地位、职责、选聘、培训、考核、待遇、晋升和发展作出规定，并随着时代的发展而不断完善和革新。在党和国家高度重视辅导员队伍建设和发展的背景下，高校应把辅导员高质量发展作为绩效考核的前提及最终目标。高校通过开展辅导员绩效考核，以考核结果为依据，肯定辅导员工作的成绩和贡献，通过绩效沟通，帮助辅导员认识到绩效考核所反映出来的问题，帮助辅导员改进工作方法，为辅导员今后的发展指明方向，全面促进辅导员高质量发展。通过构建科学合理的绩效考核体系，公平公正的实施绩效考核过程，及时反馈绩效考核结果，深入展开绩效沟通，合理运用考核结果，让辅导员感受到绩效考核的结果的不是划分考核等次，而是帮助自己查找差距，帮助自己进步，从而充分提升辅导员绩效考核的认同度和满意度，充分发挥辅导员绩效考核的促进作用。同时，在绩效考核的背景下，以贯彻新发展理念、促进高质量发展为目标，积极探索出辅导员高质量发展路径，从而提高辅导员的职业化、专业化水平，沿着职业化发展、专业化建设、专家型培养的道路坚定前行。

参考文献

[1] 何金松:《汉字文化解读》,湖北人民出版社2004年版。

[2] 何东昌:《中华人民共和国重要教育文献(1949—1975)》,海南出版社1998年版。

[3] 史宗恺:《一项大有出息的负担——清华大学辅导员校友访谈录》,清华大学出版社2014年版。

[4] [美]杰里·W.吉雷、安·梅楚尼奇:《组织学习、绩效与变革:战略人力资源开发导论》,康青译,中国人民大学出版社2005年版。

[5] 俞文钊、苏永华:《管理心理学》,东北财经大学出版社2015年版。

[6] 储祖旺:《高校学生事务管理教程》,科学出版社2008年版。

[7] 李莉:《高校辅导员专业化发展研究》,东南大学出版社2011年版。

[8] 冯刚、赵峰:《走进英国高校学生事务管理》,中国人民大学出版社2008年版。

[9] 林新奇:《绩效管理》,东北财经大学出版社2010年版。

[10] 王丽娟:《非人力资源经理的人力资源管理(上)》,中国经济出版2016年版。

[11] 张玉玲、刘惠苑:《社会组织管理实务》,西北工业大学出版社2017年版。

[12] 高毅蓉、崔沪编:《绩效管理》,东北财经大学出版社2015年版。

[13] 余泽忠:《绩效考核与薪酬管理》,武汉大学出版社2016年版。

[14] 许天舒、梁玉芬编:《管理学原理实用教程》,中国市场出版社2014

年版。

［15］冯宇：《市场调查与预测分析》，北京理工大学出版社2018年版。

［16］韩翼、廖建桥：《组织成员绩效结构理论研究述评述》，载《管理科学学报》2006年第4期。

［17］赵君、廖建桥、文鹏：《绩效考核目的的维度与影响效果》，载《中南财经政法大学学报》2013年第1期。

［18］余桂红：《美国高校学生事务管理评估透视》，载《比较教育研究》2013年第1期。

［19］左殿升、方雷、王新波：《"双一流"建设背景下高校学生事务工作的英国启示》，载《江苏高教》2019年第4期。

［20］赵海丰、王珊、王井云：《高校辅导员职业价值观的现状、问题与对策分析——基于辽宁省10所高校的调查》，载《高校辅导员学刊》2013年第5期。

［21］程慧、杨得华、程广强：《高校辅导员队伍职业化综述》，载《中国教师》2007年第S2期。

［22］袁诚琨：《新时代高校专家型辅导员的特征及其培养策略》，载《赤峰学院学报（汉文哲学社会科版）》2022年第9期。

［23］Murphy K R, Cleveland J N .Performance Appraisal：An Organizational Perspective. Boston：Allyn & Bacon，1991.

［24］Campbell J P, McCloy R A, Oppler S H, et al. A Theory of Performance. In M. J. Schmit, W.C.Borman（Eds.）Personnel Selection in Organizations. San Francisco：Jossey-Bass，1993.

［25］Van Scotter J, Motowidlo S J, Cross T C. Effects of Task Performance and Contextual Performance on Systemic Rewards. Journal of Applied Psychology，2000，85（4）.

［26］Hesketh B, Allworth E. Adaptive performance：Updating the Criterion to Cope with Change. Second Australian Industrial and Organizational Psychology Conference.Melbourne：1997.

［27］Hesketh B, Neal A. Technology and performance. In D.R.Ilgen, E.D.Pulakos

(Eds.), The Changing Mature of Performance: Implications for Staffing Motivation and Development. San Francisco: Jossey-Bass, 1999.

[28] Pulakos E D, Arad S, Donovan M A, et al. Adaptability in the Workplace: Development of a Taxonomy of Adaptive Performance. Journal of Applied Psychology, 2000, 85(4).

[29] London M, Mone E M, Scott J C. Performance Management and Assessment: Methods for Improved Rater Accuracy and Employee Goal Setting. Human Resource Management, 2004, 43(4).

[30] McGregor D. The Human Side of Enterprise. New York: McGraw — Hill, 1960.

[31] Meyer H H, Kay E, French J R P. Split Roles in Performance Appraisal. Harvard Business Review, 1965, 43(1).

[32] Huber V L. An Analysis of Performance Appraisal Practices in the Public Sector: A Review and Recommendations. Public Personnel Management, 1983, 12(3).

[33] Cleveland J N, Murphy K R, Williams R E. Multiple Uses of Performance Appraisal: Prevalence and Correlates. Journal of Applied Psychology, 1989, 74(1).

[34] Boswell W R, Boudreau J W. Employee Satisfaction with Performance Appraisals and Appraisers: The Role of Perceived Appraisal Use. Human Resource Development Quarterly, 2000, 11(3).